Lotte Ingrisch

Physik des Jenseits

Lotte Ingrisch

Physik *des Jenseits*

Einsteins Märchen,
Quantenmythen und
exakte Geisterwissenschaft

Langen Müller

Besuchen Sie uns im Internet unter:
http://www.langen-mueller-verlag.de

Gedruckt auf chlorfrei gebleichtem Papier

Sonderproduktion 1. Auflage 2005

Umschlaggestaltung: Wolfgang Heinzel
Umschlagbild: Esor, premium
Herstellung und Satz: VerlagsService Dr. Helmut Neuberger
& Karl Schaumann GmbH, Heimstetten
Gesetzt aus der 11/16,5 Punkt Garamond ITCBQ
Druck und Binden: Ueberreuter Buchproduktion, Korneuburg
Printed in Austria
ISBN 3-7844-6002-X

Buch samt Autorin
sind in Liebe
Gottfried von Einem gewidmet.

Möchten Sie ihn besuchen?
www.einem.org

Ich danke meinem Lektor
Hermann Hemminger,
die Gespräche mit ihm waren
wie Irish Coffee.

Inhalt

Die schlafende Prinzessin

Es war einmal eine Königin, die hatte drei Söhne. Der älteste war ein Drache, der mittlere ein Pferd und der jüngste ein Mensch. Die drei Brüder waren so verschieden voneinander, dass keiner die Sprache des anderen verstand. Obwohl die Königin ihr Reich keinem von ihnen versprach, riss der Jüngste die Herrschaft an sich und übte sie mit großer Grausamkeit aus.

Als die Königin zuletzt noch eine Tochter gebar, fürchtete der jüngste Sohn um seine Macht und warf einen bösen Zauber über die kleine Prinzessin, dass sie schlief und niemals erwachte.

Die alte Königin ist unsere Seele. Ihre drei Söhne sind das Drachenhirn, das Pferdehirn und der Neokortex, der sich gern Homo sapiens nennt. Das schon bald dreihundert Millionen Jahre alte Drachenhirn ist Kriegs- und Sexualminister. Das Pferdehirn, obwohl rund hundert Millionen Jahre jünger, leidet an Altersstarrsinn, was seinem Ministerium für Identität und Bewusstsein schlecht bekommt. Der Neokortex ist erst fünfzig Millionen Jahre alt und, obwohl ihm jede Reife dafür fehlt, Verstandesminister.

Das Drachenhirn gehört als Minister längst abgesetzt. Seit anno dazumal macht es die gleichen Fehler und lernt nichts dazu. Schauen Sie sich die Welt an! Kein Geringerer als der Systemtheoretiker Erich Jantsch kritisiert auch unser Pferdehirn scharf. »Vor allem geht es darum, es aus seiner Erstarrung zu lösen. Es kann uns eine fantastische Welt der ›verschiedenen Realitäten‹ eröffnen – wie es dies bereits in Träumen, Halluzinationen und unter dem Einfluss halluzinogener Drogen tut –,anstatt sich auf eine einzige Weltsicht festzulegen.«

Stimmt! Aber wie sage ich es meinem Hirn? Oder vielmehr allen dreien, eins dümmer als das andere. Man müsste dahinter kommen, in die Welt jenseits des Gehirns. Einen Weg aus seinem grauen Labyrinth suchen, in dem Krieg und Stumpfsinn herrschen und der Verstand wütet wie Minotaurus. Sollen wir das Ungeheuer erschlagen?

Nein, Ungeheuer muss man erlösen. Das Gehirn ist in den Kopf eingesperrt. Mit einem Ariadnefaden finden wir vielleicht gemeinsam den Ausgang ins Freie. Und wer weiß, was dann Wunderbares aus ihm und uns wird?

Ich ahne es schon. Noch schläft die verzauberte Prinzessin, unser viertes und jüngstes, das Schmetterlingshirn. Wir müssen die Schöne in uns wach küssen und erlösen. Steht sie auf, versinkt die Welt der Larven und Puppen. Sie breitet ihre Flügel aus und fliegt ...

Hören wir nicht auf die Prinzessin zu küssen! Ich, indem ich dieses Buch schreibe. Und Sie, indem Sie es lesen.

Schlag dir den Kopf ab!

Zwei Augen haben wir«, sagt der Zen-Meister Suzuki, »um beide Seiten der Dinge sehen zu können. Doch da gibt es noch ein drittes Auge, das alles sieht.« Dieses dritte Auge hat jeder! Man muss es nur aufmachen, und schon schaut die Welt anders aus. So anders, dass man sie nicht wiedererkennt.

Das rechte ist ein Sonnen- und das linke ein Mondauge. Das dritte befindet sich in der Stirnmitte. Es ist das Auge der Ahnung, der Vision, der hellsichtigen Wahrnehmung. Mein drittes Auge ist manchmal offen und dann ist es wieder zu. Es hängt vom energetischen Zustand ab, in dem man sich gerade befindet. Ist er niedrig, kriegt man das dritte Auge nicht auf. Mit nur zwei Augen ist man ziemlich blind.

Versuchen Sie Ihre Energie zu erhöhen! Zum Beispiel, indem Sie etwas Schönes anschauen. Den Mond, das Meer, eine Blume. Oder ein Bild. Kunst hat eine einzige Funktion, die sie allerdings selten erfüllt. Nämlich, wie die Sonne im Thermometer die Energie in uns steigen zu lassen. Von Grad zu Grad, und in jedem Grad offenbart sich eine andere Wirklichkeit.

»Wehe!«, jammert der Chassid. »Die Welt ist voll gewaltiger Lichter und Geheimnisse und der Mensch verstellt sie sich mit seiner kleinen Hand.« Also weg mit dem Kopf und weg mit der Hand. Wie die Helden der Mythen und Märchen wollen wir ausziehen, die gewaltigen Lichter zu entdecken. Und dabei vielleicht auch uns selbst, das dunkle Geheimnis.

Musik kann das dritte Auge öffnen. Nicht jede. Gregorianische Choräle. Bach, Mozart, Gottfried von Einem. Und es gibt auch noch ein paar andere. Kompositionen, die mit dem Rechenstift gemacht werden, können es nicht.

Versenkung ist der Königsweg. Wenn Sie sich in die Quelle versenken, aus der alles kommt, Sie selbst auch, wachsen Sie in etwas Größeres hinein. Dass es dazu besonderer körperlicher Disziplinen bedarf wie etwa im Yoga, glaube ich nicht. Sie müssen das Gehirn austricksen, den Störenfried Nummer eins. Oder, wie es der persische Dichter und Mystiker Rumi verlangt: »Schlag dir den Kopf ab!«

Das ist gar nicht so leicht, weshalb er fortfährt: »Alle Kreaturen sind dem Denken unterworfen; darob sind sie traurig im Herzen.« Und Gurdjieff, der tanzende Derwisch, über den Verstand: »So lange wir nicht erkennen, dass wir im Gefängnis stecken, haben wir nicht die geringste Chance daraus zu entkommen.«

Wir alle sehnen uns nach der Freiheit und haben ein trauriges Herz. Schauen Sie in den Spiegel! Sind, was Ihre beiden Augen sehen, das linke und rechte, wirklich Sie?

Ich küsse, trinke, tanze

Ich habe Kopfweh. Wer hat Kopfweh? Wer trinkt, küsst und tanzt? Mein Körper, also ich selbst. Ist das wahr? Bin ich wirklich der Körper, der im Spiegel erscheint, und ich sage zu ihm: Ich, ich, ich.

Dabei kenne ich ihn nicht einmal. An jeder Universität könnte ich seine Anatomie erlernen. Die Funktion seiner Organe. Würde ich ihn deshalb verstehen? Er ist wie eine fremde Sprache. Die Grammatik, die Vokabeln. Ich beherrsche sie nicht. Und so viel Wasser! Müsste ich nicht ertrinken? Vielleicht, wenn ich durch ein Mikroskop schaue …

Lauter winzige Lebewesen. Sie arbeiten, teilen sich. So wächst, gedeiht und misslingt der Körper. Die Zellen sind seine Biografie. Durch sie bin ich mit allen Pflanzen und Tieren verwandt. Mit Seetang, Stubenfliege und Tannenbaum. Die gleichen Arbeiter überall, Mitochondrien heißen sie. Hab sie nie zuvor gesehen. Was treiben sie in mir? Und allem übrigen. Sorgen für genug Energie, das ist gut. Atmen für mein Fleisch, also für mich. Eigentlich nett. Sie leben für mich.

Nein, nicht nett. Irgendwie sogar unheimlich. Meine Familie? O nein, mit Bakterien sind sie versippt. Mit mir nicht. Obwohl ich hauptsächlich aus ihnen bestehe, habe ich nichts mit ihnen zu tun. Überhaupt nichts. Ist das nicht ein Skandal?

Unsere anatomische Identität können wir glatt vergessen. Der leibliche Unterschied zwischen Sokrates und einem Frosch ist erschreckend gering. Vernachlässigbar. Noch dazu sterben die Zellen in einem fort. Milliardenweise. Werden ersetzt, sterben wieder und das geht munter so fort. Obwohl wir glauben, dass wir immer dieselben sind, sind wir es so gut wie nie. Und erst die transplantierten Herzen! Die Nieren, Lebern, Lungen und was alles noch?

Wasser und unreiner Kohlenstoff. Wir sagen irrtümlich Ich zu unserem Körper. In Wirklichkeit ist er der große Unbekannte und die Chance, ihn jemals kennen zu lernen, nur klein. Ich möchte wissen, wer Fußball oder Klavier spielt? Einen Liebesbrief schreibt, in Konkurs geht oder gerade die Welträtsel löst?

Parasiten. Leben auf Kosten anderer. Die Mistel zum Beispiel. Schmarotzt auf Bäumen. Wir auch? Schmarotze ich auf meinem Leib? Aber wer ist dieses Ich?

Ich schaue in den Spiegel. Was sehe ich?

Die verschleierte Dame

William James nennt unser rationales nur einen besonderen Typ von Bewusstsein, während überall, durch den dünnsten Schirm von ihm getrennt, mögliche und ganz andersartige Formen von Bewusstsein existieren. Bewusstsein ist grenzenlos und auf der Landkarte unseres Gehirns sind die meisten seiner Landschaften noch weiß. Ja es scheint, als hätten wir keine, überhaupt keine direkte Erfahrung der Welt.

Aber wieso, wir hören doch, wir sehen? Ja, aber weder uns selbst noch die Welt. Könnten wir es, wir würden laut schreien. Vor Schreck, nehme ich an. Vielleicht auch vor Freude. Aber so bald schreien wir nicht. Die Welt ist eine verschleierte Dame. Was wir für die Wirklichkeit halten, ist der Vorhang vor einer magischen Bühne. Nur der Vorhang. Wer tritt auf der Bühne auf und was wird gespielt? Wir wissen es nicht.

Und unsere Augen? Sind Instrumente, die wir mit den Menschenaffen teilen und mit niemandem sonst. Sie haben sich auf einen äußerst schmalen Frequenzbereich spezialisiert. Andere Tiere sehen anders und anderes. Wir können von Rot bis Violett sehen, also auf dem endlosen

Wellenband von 0,00007 bis 0,00004 Zentimeter. Und meinen, dies wäre schon alles. Ist es nicht!

Wir nehmen höchstens 1 Prozent von, was auch immer, wahr. Wer also nur glaubt, was er sieht – und das ist leider die Majorität – tappt im Dunkeln. Seine Welt-Anschauung ist dürftig. Ungeheuer viele elektromagnetische Wellen schwirren um uns herum und in allen erscheint die Natur anders. Insgesamt können wir sie zum Glück nicht empfangen, wir verlören sonst den Verstand. Oder wäre gerade das erfreulich? Einiges spricht dafür.

Wir haben Lichtaugen, mit denen wir den Zauber vertrauter Formen und Farben wahrnehmen. Hätten wir Röntgenaugen, würden wir einander in unserer künftigen Gestalt erkennen, nämlich als Gerippe. Mit Wärmeaugen, die ins Infrarot schauen, wäre der Schnee schwarz und im Spiegel hätten wir nicht die geringste Ähnlichkeit mit uns selbst. Interessanterweise glichen wir dann Bilderbuchgespenstern oder gar Außerirdischen. Das ist aber noch nichts gegen Mann, Frau und Kind im Langwellen-Auge. Empfingen wir diese Frequenz, würden wir einander statt zu sehen – hören! Das Langwellen-Auge ist nämlich ein Augen-Ohr. Da kann man nur hoffen, dass man wenigstens schön klingt.

Wohin wir auch auf dem Wellenband reisen, auf jeder Stelle treffen wir uns selbst und die Welt verschieden an und überall bleiben beide ein Rätsel. Im Mosaik unserer fünf Sinne fehlen zu viele Teile. Die Welt kann nicht zu uns herein, wir haben weder Türen noch Fenster. Bloß ein Guckloch, und das ist sehr klein.

Einer dermaßen subjektiven Wahrnehmung kann kaum eine objektive Erkenntnis entsprechen. Wer, wo auch immer, Anspruch auf sie erhebt, ist naiv. Zum Beispiel der unselige Descartes, der an kalten Wintermorgen in seinen Ofen kroch und dort den ganzen Tag dachte. Cogito ergo sum. »Alles das ist wahr, was ich recht klar und deutlich erfasse«, sagt er. »Es gibt nur eine einzige, die Vernunftseele ... Ich bin ein Ding, welches denkt.«

Wäre er doch lieber erfroren! Rationalismus, Materialismus, Positivismus. Die Energie fiel, wie bei schlechter Musik, in den Keller. Unser Herz wurde traurig. Das dritte Auge wuchs langsam zu.

Einige Zehntausendstel Millimeter Differenz auf der Wellenlänge machen den ganzen Unterschied zwischen Sichtbarkeit und Unsichtbarkeit aus: zwischen visuell und Vision. Wir übersetzen Frequenzen, ein schwingendes Nichts, in die Bildersprache unserer Augen. Da wir unterschiedlich begabt dafür sind, übersetzen wir nicht alle gleich. Es gab und gibt sogar Menschen, die dem engen Käfig der Wahrnehmung, in den wir gesperrt sind, für Augenblicke entkommen. Sie sehen das Unsichtbare, hören das Unhörbare und wir erklären sie für verrückt.

Was meint Albert Einstein dazu? Wie alle großen Physiker, von Heisenberg bis Pauli, Schrödinger und so fort, ist er natürlich Metaphysiker gewesen. »Es ist möglich«, sagt er, »dass sich hinter unseren Sinneswahrnehmungen ganze Welten verbergen, von denen wir keine Ahnung haben.«

Auf unserer Ahnungslosigkeit zu bestehen, wäre nicht sehr gescheit. Lieber sollten wir uns als ein Kolumbus, eine Kolumba ins offene Meer des Bewusstseins wagen. Vielleicht entdecken auch wir eine Neue Welt?

Kamele im Schlafzimmer

Unser größtes Laster ist weder die Wol- noch die Mordlust. Unser größtes Laster, obwohl wir es für eine Tugend halten, ist das Denken. Es ist der Kopf, der uns von der Welt trennt, und von uns selbst dazu.

Aber natürlich brauchen wir ihn. Denn weder haben wir Reißzähne noch Krallen. Dass wir denken können, ist unsere einzige Waffe im Lebenskampf. Und sie ist grausamer und gefährlicher als alle anderen Waffen. Mit unserem Gehirn herrschen wir über das Reich der Tiere, der Pflanzen, über die ganze Erde. Eine Schreckensherrschaft! Und dann bilden wir uns auch noch ein, mit diesem überschätztesten aller Organe Gott und die Welt zu erkennen.

O nein. Das Gehirn erzeugt nicht – wie die Wissenschaft gerade wieder entdeckt –, sondern empfängt Bewusstsein. Ein größerer oder kleinerer Trichter, in den alles Mögliche und Unmögliche fällt. Nehmen wir die Welt durch das Gehirn wahr? Schon, aber nicht die, sondern nur eine ganz bestimmte. Alle Wahrnehmungen, die nicht in das offizielle Weltbild passen, filtert unser Gehirn gnadenlos aus. Leider sind das gerade die interessantesten.

Geht ein Kamel durch Ihr Schlafzimmer, sitzt ein Engel auf dem Schrank? Schade, Sie werden es nicht bemerken. So wenig wie die Geister der Toten, die Ihnen versichern, dass sie noch immer lebendig sind.

Und die Wunder auf der Schwelle? Zu allen Zeiten berichten Wiedergekehrte davon. Sauerstoffmangel, sagen die Schulmediziner. Medikamente, sagen sie. Nicht alle, es gibt auch intelligente. Nun, ich habe viele Jahre lang die allseits beschriebenen Nahtoderfahrungen gemacht. Es war unsagbar schön. Doch weder nahm ich Medikamente noch litt ich unter Mangel an Sauerstoff.

Nicht nur ich, es haben sich so viele Menschen bei mir gemeldet, die das Gleiche erlebt haben. Die meisten waren darüber verstört. Grundlos, denn Wunder sind ganz natürlich. Unnatürlich ist es, sie nicht wahrzunehmen, weil wir falsch konditioniert sind. Von der Natur, der Evolution? Das glaube ich nicht. Es sind die Mächtigen dieser Welt, die ihr Bild diktieren. Politische und religiöse Kirchen, welche die Grenzen dieses Weltbildes ziehen. Wir sollten sie nicht anerkennen, sondern immer wieder transzendieren. Grenzen sind dazu da, überschritten zu werden!

Wir glauben an unser Gehirn wie an den lieben Gott. Bilden uns ein, dass wir dem Verstand alles verdanken. Wir verdanken ihm nichts. Er ist der Gummi, der fast unsere ganze Wirklichkeit ausradiert.

Nicht nur hinter unseren Sinneswahrnehmungen! Auch hinter unserem Verstand verbergen sich unendliche

Welten. Ich möchte sie alle kennen lernen. Oder wenigstens ein paar von ihnen. Sie auch? Dann pfeifen wir auf Sicherheit, werfen den Ballast der Schulbildung über Bord und treten die Kolumbusreise an. Erwarten Sie nichts, und alles erscheint …

Der Reisende

Wer tritt die Reise an? Der Körper, der wir nicht sind? Wohl kaum. Also die Seele, aber was ist das überhaupt?

Die Seele ist der jenseitige Mensch. Und zwar nicht erst nach dem Tod! Wir sind schon lebendigen Leibes jenseitig, also Geister. Haben eine Doppelnatur wie das Licht, das sowohl als Teilchen als auch als Welle auftritt. Während des irdischen Lebens erscheinen die Seelen einander, wie wir selbst uns im Spiegel, als Leiber. Erlischt das irdische Leben, erscheinen sie einander direkt. Als Teilchen, nämlich Fleisch, Knochen und Blut, können sie nicht mehr erscheinen, weil es dann keine Teilchen mehr gibt. Sondern nur Wellen, Seelen, Geister.

Der Körper vergeht ganz, der Leib nicht. Der Leib ist mehr als Wasser und unreiner Kohlenstoff. Während der Körper unpersönlich ist, wird der Leib von unserem persönlichen Bewusstsein geprägt. Dazu gehört die Geschichte eines Menschen, sein Charakter, das Muster seiner Beziehungen. Die Hoffnungen, Ängste, Enttäuschungen. Alle Freuden und Leiden. Kurzum, die Psyche.

Wir halten sie für die Seele in Person. Das stimmt nicht. Mit der Seele geht man nicht zum Psychologen und schon gar nicht zum Psychiater. Das Ich kann krank werden, aber die Seele ist kein Ich. Sie gehört nicht der Welt der Erscheinungen an. Sie ist jenseits von Raum und Zeit. Wie die Engel. Sind Seelen Engel?

Engel sind überirdische Wesen, von denen alle Mythen und Religionen berichten. Sie haben keinen Körper, keinen Leib, keine Psyche. Engel sind keine Personen und sie haben keine Geschichte. Sie sind Gottes Boten. Manche nennen sie selbst Götter oder Dämonen. Sie sind die keltischen Síde, die Feen an der Grenze zur Anderswelt der lebendigen Toten. Sie haben nicht immer die gleichen Namen. Doch an ihrem Leuchten erkennen wir sie. Und an ihren Flügeln, obwohl sie gar keine haben. Sie bewegen sich so schnell wie das Licht, da sie selbst eines sind.

Das Licht, das in der schwarzen Straße erscheint, wenn wir sterben. Das Licht am Ende des Tunnels. Der Engel, den wir als erstes Licht und letzte Liebe erfahren, ist unsere eigene Seele. Sie nimmt uns auf wie die Sonne den Tau.

Vielleicht nicht sofort. Eine Seele, obwohl man immer schon eine war, wird man nicht so schnell wieder. Dazu muss man den Körper begraben, den Leib, die Psyche, das Ich. Unbegraben, spuken sie noch lang in ihrer vergangenen Welt. Leute, denen sie erscheinen, rennen laut schreiend davon. Zum Glück nicht alle. Einige beten auch oder weinen. Trotzdem ist eine Biografie als Gespenst auf die Dauer unbefriedigend. Man kann sie nur vermeiden, indem man den zweiten Tod stirbt.

Was zwar manchmal, aber eher selten vor dem ersten gelingt.

Das beste Rezept

Sterben ist kein Unglück, nicht einmal ein Malheur. Schlimm ist es nur, wenn wir uns dagegen wehren. Wehrt die Raupe sich gegen den Schmetterling? Sterben ist die einfachste Art, von einem Zustand unserer selbst in den nächsten zu gelangen. Es gibt auch noch andere Möglichkeiten. Die Erleuchtung, zum Beispiel. Aber wer schafft die schon? Zu sterben ist bisher noch jedem gelungen.

Es ist die Reise in die eigene Seele. Das wissen die Blumen und sträuben sich nicht. Das wissen die Tiere und sträuben sich nicht. Nur wir machen daraus eine Tragödie und ein großes Geschrei.

Das war nicht immer und überall so. Ars moriendi ist Lateinisch und heißt Kunst des Sterbens. Andere Zeiten und Völker haben diese Kunst mit Demut und Freude beherrscht. Sie waren Meister ihrer eigenen Verwandlung und warum sollten wir das nicht wieder werden?

Sterbend, schlüpfen wir aus dem Körper wie das Küken aus seinem Ei. Schlüpfen wir in eine neue Welt? Nein, eigentlich nicht. Wir bleiben schon in der alten. Sie schaut jetzt nur anders aus. Der Tod schließt die irdischen und öffnet unsere himmlischen Augen. Das dritte Auge war schon der Anfang und jetzt haben wir gar zwei davon. Um es mit der Physik zu sagen, wir wechseln die Frequenz.

Alles, wie wir wissen, schwingt. Je öfter in der Sekunde, umso höher die Schwingungszahl. Wir schwingen auch. Je schneller, umso interessanter wird die Welt. Wer langsam schwingt, kriegt eine Welt wie Blei. Die meisten Leute schwingen langsam. Ihr Leben ist deprimierend und monoton. Statt Frequenz können wir auch Zustand sagen.

Der Zustand, in dem wir uns befinden, bestimmt unsere Wahrnehmung. In einem miserablen Zustand nehmen wir eine miserable Welt wahr. In einem glänzenden Zustand erscheint sie uns selbst glänzend. Sie ist dann anders, weil wir selbst andere sind.

Wie bringt man die Welt zum Funkeln und Leuchten? Indem man die eigene Energie erhöht. Kunst steigert sie, treibt sie hoch. Aber Kunst kann auch ein Energieräuber sein. Da müssen Sie aufpassen, besonders bei der modernen. Sie ist noch nicht durch die Zeit gefiltert. Außer ein paar Juwelen gibt es jede Menge Dreck.

Es gibt auch noch andere Energierezepte. Einen alten Baum umarmen. Etwas Liebes, Gutes tun. Aber das beste aller Rezepte ist der Tod. Hätten Sie das gedacht? Sterbend, verändern wir unsere Schwingung. Treten in einen höheren, delikateren Zustand unserer selbst ein, dem eine höhere, delikatere Welt entspricht.

Eine klinisch tote, reanimierte Freundin berichtet: »Ich befand mich sehr hoch über der Erde. Sie war wunderschön. Dann fiel ich. Je tiefer ich fiel, umso hässlicher wurde sie. Als ich unten ankam, weinte ich.«

Freda Meissner-Blau, die Gründerin der österreichischen Grünen, hatte elf Herzstillstände. An die ersten zehn, sagte sie mir, könnte sie sich nicht erinnern. Im elften stieg sie himmelwärts und der Himmel war ein wunderbares eisblaues Meer. Sie war enttäuscht, als sie wieder unten ankam.

Enttäuscht war auch DDr. Karl Wernhart, der Wiener Ordinarius für Ethnologie. Emeritus nach zwei Herzinfarkten. Haben Sie, fragte ich, etwas erlebt? Er nickte. »Ich stieg auf wie in einem Heißluftballon. Schwebte über die Erde. Es war warm, es war schön, ich fühlte mich wohl.« Merken Sie? Die Himmelfahrten der Bibel werden wirklich erlebt!

Das Einzige, wovor man offenbar Angst haben muss, ist die Reanimation. Ein Rat für alle Sterbenden und Sterbende werden wir alle sein. Diese Welt loslassen, wir bekommen eine andere dafür und sie wird uns gefallen. Alle Ängste, Sorgen und Wünsche loslassen. Kein Gepäck mitnehmen! Für alles, was wir brauchen, ist schon gesorgt. An etwas Schönes denken und tief ausatmen …

Der erste Tod

Wieso, gibt es mehr als einen? Sie werden sich wundern! Viele Leute bemerken den ersten nicht einmal, so wenig hat sich verändert. Man fühlt sich wie sonst und auch die Welt schaut nicht anders aus. Oje, das kann nur bedeuten, uns fehlt der Schwung!

Wir schwingen zu langsam. Aber erhöht der Tod nicht automatisch unsere Frequenz? Nein, automatisch nicht. Er kann sie sogar senken. Dafür gibt es verschiedene Gründe. Für einen ist die Medizin verantwortlich, für einen anderen die Religion.

Die Medizin konserviert gern lebende Leichname. Künstlich verlängertes Leben verliert nicht nur physisch an Qualität. Auch die Psyche gerät in einen jämmerlichen Zustand. Kein Wunder, dass sie als Wrack in der nächsten Wirklichkeit ankommt. Obwohl ich die Berichte von jenseitigen Spitälern und Schlafkuren stets für Unsinn hielt, stimmen sie womöglich. Der Verstorbene muss sich erst einmal von seinen Ärzten erholen.

Jede Religion, die Angst vor dem Tod macht, ist unchristlich. Könnte ein Gott der Liebe mit der Hölle drohen? Aber wenn wir uns vor ihr fürchten, kommen wir hin. Dabei gibt es sie gar nicht! Es sei denn, wir bereiten sie uns selbst. Also heiter und vertrauensvoll sterben, sonst rasselt die Energie in den Keller.

Vor langer Zeit habe ich einem Sterbenden spontan Johannes Kepler vorgelesen und das war auch aus heutiger Sicht nicht ganz falsch. Er ist im Angesicht des Himmels hinübergegangen, von Planeten umkreist. Es muss kein Astronom sein. Man kann Märchen am Totenbett vorlesen oder Sokrates. Eine CD von Bach auflegen. Das Zimmer in Rosenduft hüllen, Weihrauch und Myrrhe. Der Liebe und Fantasie sind keine Grenzen gesetzt. Je schöner der Tod, umso schöner das Leben danach.

Keine Sorge, das wird es auf jeden Fall. Zwar gibt es Gespenster, die jahrhundertelang durch die Gemäuer irren. Aber das klingt schlimmer, als es ist. Da wir im Jenseits keine Zeit wahrnehmen, vergeht so ein Jahrhundert im Nu. Am Ende wird alles gut und das Ende kommt bald.

Bis dahin gibt es schon noch ein paar Kalamitäten. Besser, wir machen uns gleich auf sie gefasst. Zum Beispiel, dass einen niemand beachtet. Als wäre man Luft. Und das ist man jetzt auch. Man kann sich auf den Kopf stellen oder die Internationale singen, keiner zuckt mit der Wimper. Wir sind unsichtbar geworden, wir sind unhörbar geworden und zum Glück kann man uns jetzt nicht mehr riechen.

Dr. Rudolf Klein war der Musikkritiker der Neuen Zürcher und, das ist er noch immer, ein lieber Freund.

Während er am Sarg seines tödlich verunglückten Kindes beinahe zusammenbrach, schlug der Bub lustige Purzelbäume rund um sein Grab. Für ihn war das Begräbnis ein Heidenspaß. Maria Vest-Rusan, die ich Goldmarie nannte, hat es gesehen und dem Vater berichtet. Sein Herz wurde leichter.

Regierungsrat Ing. Karl Kaltner im Salzburgischen ist gerichtlich beeideter und zertifizierter Sachverständiger für Wasser- und Abwasserchemie, also kein Träumer. Er und seine Frau sind hellsichtig. Ihr drei Monate zuvor verstorbener Nachbar stand am Heiligen Abend tränenüberströmt vor seiner Tür. Warum ließ man ihn nicht ein? Warum feierte niemand Weihnachten mit ihm? Der Ärmste begriff nicht, dass er schon ein Geist war. Er hatte geglaubt, mit dem Tod wäre alles vorbei und vorbei war gar nichts. Also konnte er unmöglich tot sein.

Dabei gibt es einen ganz einfachen Test. Versuchen Sie durch die Wand zu gehen. Funktioniert es nicht, sind Sie noch immer lebendig. Im landläufigen Sinn, denn lebendig bleiben Sie auch nachher. Im ersten Tod verlieren wir lediglich fünfzig bis hundert Kilo, je nachdem, was man vorher auf die Waage gebracht hat. Man verliert auch sämtliche Krankheiten, vom Schnupfen bis zur Zirrhose. Alle Schönheitsfehler. Die rote Nase, man hat überhaupt keine mehr. Alles wird in der geduldigen Erde begraben, aus der dann Stiefmütterchen wachsen und irgendwann vielleicht Kohl. Aber schaut man dann gar nicht mehr aus?

Doch. Man schaut so aus, wie man sich selbst gerade vorstellt. Das entspricht nicht immer exakt unserem Konterfei. Ich kränke mich heute noch über eine Geschichte, die im ersten Jahr nach dem Tod meines Mannes passierte. In seinen letzten Tagen hatte er sich ein Haus am Bach gewünscht und natürlich bekam er es. Er spukte zwar dort und trieb Schabernack. Aber lebendigen Leibes zog er nie ein. Das Haus steht in Tottendorf, ich hab es nicht mehr und Melk war die Bahnstation. Als ich einmal ausstieg, saß er auf der Mauer vor den Geleisen. Das weiße Haar, der Bart, die blaue Leinenjacke, alles war so wie früher. Er schaute mich nicht an, er schaute zur Erde. Ich lief auf ihn zu. Und blieb plötzlich stehen. Etwas stimmte nicht ganz mit seinem Gesicht. Stimmte um vielleicht einen Millimeter nicht, höchstens. Ich war verwirrt, ich war feige und ging, ohne noch einmal hinzusehen, an ihm vorbei.

Ich versuche mir mein eigenes Gesicht vorzustellen. Es gelingt nicht. Ich irre mich um viel mehr als einen Millimeter. Ich überlege, ob nicht nur der Tote, sondern auch schon der Lebende eine Vorstellung ist. Eine Vorstellung der Seele?

Prinzessin Eugenie van der Leyden bekam häufig Besuch von armen Seelen. So nennt der Volksmund die Unerlösten. Sie waren allesamt schwarz und ziemlich hässlich. Die gutmütige Prinzessin betete sie wieder weiß und schön. Sind arme Seelen tatsächlich Monster? Ja, in ihrer Vorstellung. Man sollte sich beizeiten um seine nächste Gestalt kümmern, sonst zieht man als Kinderschreck durch die Gegend.

In der eigenen Vorstellung kann man offenbar jede Form annehmen. Ich kenne eine an sich völlig normale Dame, deren Seliger als Igel zurückkehrte. Es begann damit, dass sie im Garten bitterlich um ihn weinte. Auf einmal saß ein Igel zu ihren Füßen. Er blieb eine halbe Stunde lang. Erst als sie aufhörte zu weinen, trollte er sich.

Ein Operndirektor aus dem Norden Deutschlands und seine Frau hatten eine Hündin, ich kannte alle drei. Sie waren unzertrennlich. Die Frau starb und die Hündin nahm schlagartig deren Gewohnheiten an. Irritiert rief er mich an. Seien Sie nicht kleinlich, beruhigte ich ihn. Freuen Sie sich lieber, dass Ihre Frau weiterhin, wenn auch auf vier Pfoten, bei Ihnen ist.

»Sie ist schon wieder da!«, beklagte sich Robert Hammerstiel, der bedeutende Maler und Holzschneider, bei mir. Er hatte eine Katze, die ihn liebte, und eine Schwiegermutter, die ihn von ganzem Herzen gehasst hat. Die Schwiegermutter starb und sofort setzte die Katze sich auf deren Lieblingsplatz, fauchte den Maler an und kratzte ihn. »Sie ist wie ausgewechselt«, jammerte er. Nicht wie, sagte ich. Sie ist ausgewechselt!

Solche Geschichten gibt es ohne Zahl. Wir finden sie schon in alten Mythen, Märchen und Besessenheitsphänomenen. Zu Personen angeordnete Bewusstseinsmoleküle können vorübergehend in jede lebendige Materie eintreten. Yvonne Weiler kommuniziert durch Blumen mit ihrem jenseitig gewordenen Mann. Der Maler Max Weiler ist einer der ganz Großen. Jenseits des Naturalismus hat er in seinen Farben und Formen wie kein anderer die Seele der Pflanzen erfasst.

Früher oder später erscheinen die Toten nicht mehr. Wer wäre schon Pythagoras auf der Ringstraße begegnet oder Barbarossa im Supermarkt? Irgendwann merken alle, dass der Tod nur ein Spiel ist, und spielen es mit. Ein Spiel wie das Leben, nur nach anderen Regeln. Sie sind nicht grausam, aber am Anfang etwas verwirrend. Zum Beispiel kann man Zukunft und Vergangenheit nicht mehr unterscheiden. Die Zeit hat sich einfach empfohlen. Dabei hatten wir uns schon so an sie gewöhnt. Jetzt ist alles gleichzeitig da. Wie London, Paris und New York, die gibt es auch nicht hintereinander. Man kann da und dort sein. Überall! In derselben Sekunde, wenn auch der Sekundenzeiger verschwunden ist, der Minutenzeiger, die ganze Uhr.

Ein bisschen wehmütig ist einem zuerst schon zu Mute. Es ist alles so ungewohnt und so fremd. Man fühlt sich ganz verloren. Aber das geht vorbei wie Kopfweh. Denn gleichzeitig überall zu sein, macht großen Spaß. Und wenn man erst merkt, dass man sich vervielfältigen kann! Nicht bloß verdoppeln, das hat manchmal schon im Leben funktioniert. Ist von den meisten Heiligen überliefert und von etlichen Unheiligen wie mir selbst auch.

Jetzt kann man so viele sein, wie man will! Sofern man begabt für den Tod ist. Wenn nicht, sitzt man noch lang auf einer Wolke herum und trällert. Einsam oder im Chor. Das ist zwar langweilig, aber nicht schlimm. Und vor allem, es dauert nicht ewig.

Der erste Tod ist nur ein Anfang!

Das Jenseits-Vorzimmer

Die Tibeter nennen es Bardo, die Kelten Anderswelt und für die Physiker ist es das geheimnisvolle Reich der Quanten. Obwohl die meisten Physiker glauben, dass sie Elementarteilchen erforschen. Das tun sie natürlich auch. Aber die haarsträubenden Gesetze, die sie dabei entdecken, sind die Gesetze des Zwischenreichs. Des sonderbaren Korridors zwischen dem Dies- und dem Jenseits.

Wo die Zeit Purzelbäume schlägt, Zukunft und Vergangenheit ineinander geraten … Wo man sich teilen kann und in jedem seiner Teile ganz bleibt … Wo man gleichzeitig überall ist … Dort begegnen einander die Lebenden und die Toten. In den Träumen der Nacht, in den Träumen des Tages. Beide sind wirklich und beide sind es nicht.

Wieso? Etwas ist entweder wirklich oder nicht. Wahr oder nicht wahr. Nein, eben nicht. Wirklichkeit gibt es, wie die Wahrheit, in Graden. Gibt es im Plural. Wer sich mit einer einzigen begnügt, begnügt sich mit einer Illusion. Alles ändert sich, und zwar fortwährend. »Alles fließt«, sagt Heraklit. Wir selbst und die Welt. Nichts bleibt, was es ist. »Das Gegenteil einer großen Wahrheit«, glaubt der Physiker und Nobelpreisträger Niels Bohr, der so gern ins Kino ging, »kann wieder eine tiefe Wahrheit sein.«

Gehen wir auf Entdeckungsreisen! Das Leben ist ein Abenteuer der Seele und der Tod auch. Ich möchte Sie, wie Lewis Carroll die kleine Alice, ins »Wunderland hinter den Spiegeln« locken. Alles, was Sie über das Zwischenreich wissen möchten, steht dort geschrieben. Es ist die erste Station unserer Reise.

»Nicht mehr lebendig und noch nicht ganz tot«, so beschreiben Verstorbene diesen Zustand. »Nicht Fisch und nicht Fleisch.« – »Wirklichkeit flackert auf und verschwindet.« Alles schwankt, verliert seine Festigkeit, flirrt. Vor allem man selbst. Darüber kann man ganz schön erschrecken.

Man kann sich auch darüber freuen. Erinnert es uns nicht an die Märchen, die wir als Kinder so liebten? Im Zwischenreich sitzt niemand, wie die Maus in der Falle, in einer einzigen Gestalt. Nein, jeder kann sich in alles Mögliche verwandeln. Den Igel, die Hündin, die Katze kennen wir schon. Auch den Rosenstrauch und die Tulpen. Oder die Füchsin in den chinesischen Geistergeschichten, die sich als tote Ehefrau oder Geliebte entpuppt. Schlange, Schneeflocke, Flöte. Hat der Tod uns verzaubert?

Ja. Und nein! Wir waren in Menschen verzauberte Geister und jetzt sind wir erlöst. Vielleicht noch nicht ganz.

Aber fliegen können wir schon. Und spuken, das ist sehr wichtig. Ich möchte eine Tote sein, die Spaß treibt. Eine lustige Tote. Wer sagt, dass einem beim Sterben das Lachen vergeht?

Oscar Fritz Schuh war einer der bedeutendsten Regisseure seiner Zeit. Als es so weit war, stand seine Frau Ursula ihm beim Sterben bei. »Wir haben«, berichtete sie unter Tränen, »so gelacht ...« Hinter der Tragik die Komik zu erkennen, ist wohl nur wenigen beschieden. Genies des Todes, und sie haben meine volle Bewunderung.

Verrückte Materie

Materie wird, so lehrt uns die Quantenphysik, durch Beobachtung gestört und verändert. In der Kopenhagener Deutung scheint sie gar durch Beobachtung erst zu entstehen. Schaut niemand den Mond an, gibt es ihn nicht. Und was ist, wenn uns niemand anschaut?

Nach Werner Heisenberg – das ist der mit der Unschärferelation, für die er den Nobelpreis erhielt – existiert noch ein ganz anderes Zwischenreich als das im Vorzimmer des Jenseits beschriebene. Es erstreckt sich als eine Art Astralebene zwischen Subjekt und Objekt. Mit anderen Worten, die Übergänge sind fließend. C.G. Jung nennt diese geheimnisvolle Zone zwischen Physis und Psyche psychoid. Die Wirklichkeit wird unscharf und Phantome erscheinen.

Wolfgang Paulis Physik – klar hatte er auch den Nobelpreis! – bewegt sich auf der Grenze zwischen Materie und Geist. Realität hat für ihn sowohl eine rationale als auch eine irrationale Seite. Er hatte eine kleine Trompete in der Tasche, in die er zum Protest blies, wenn jemand etwas Dummes fragte. Und dann gibt es den berühmten Pauli-Effekt, der ihm überallhin folgte. Seine bloße Anwesenheit genügte und Experimente schlugen fehl. In den Laboratorien brachen Apparate zusammen, sobald er nur auftauchte. Einmal brach ein Apparat ganz von allein zusammen und die Physiker verstanden die Welt nicht mehr. Bis einer von ihnen zufällig aus dem Fenster sah. Pauli ging gerade unten vorbei.

Mir selbst passierte vor Jahren etwas Ähnliches. Es war, glaube ich, der WDR, der mich zu einer Fernsehsendung über Gespenster einlud. Als sie begann, fielen alle Geräte eine Stunde lang aus. Als ich dann sprach, bin ich beinahe auch ausgefallen. Ich stotterte wie Demosthenes. Am nächsten Morgen rief mich der Redakteur an. Über Nacht waren die zwei teuersten Maschinen kaputtgegangen. Niemand wusste, wieso. Gespenster, erklärte er genervt, wären künftig für ihn kein Thema mehr.

Der amerikanische Quantenphysiker Fred Alan Wolf glaubt, dass Materie bewusst ist und träumen kann. Hat sie am Ende auch eine Seele? Ich schließe es nicht aus. Jedenfalls halte ich sie für verrückt. Wenigstens manchmal. Ich kann sie nicht ernst nehmen, sie benimmt sich wie ein unartiges Kind.

Ich erzähle ein paar Possen, die sie mit mir treibt. Und wünschte, es wären keine. Sondern irgendetwas Spektakuläres. Ein Arien singendes Bügeleisen, zum Beispiel. Oder ein Tango tanzendes Bett. Aber nein, es sind nur lauter kleine Anomalien. Nicht der Rede wert und trotzdem stellen sie Newtons Physik auf den Kopf.

Wie die Geschichte mit den vertauschten Knopfleisten. Im Winter trage ich am Laptop ein gefüttertes blaues Gilet. Ich habe es vor vielen Jahren gekauft. Gestern will ich es zuknöpfen und es geht nicht. Ich fummle eine Weile herum, bis ich merke, die Löcher sind nach links gewandert und die Knöpfe nach rechts. Ich traue meinen Augen nicht und auch nicht meinem Kopf. Also gehe ich in einen Laden am Kohlmarkt und lasse mir bestätigen, ja, das Damengilet hat eine Herrenknopfleiste. Die Verkäuferin kichert, ich nicht.

Dasselbe ist mir vor ein paar Jahren passiert, allerdings mit Gräbern statt Knöpfen. Am Zentralfriedhof waren auf einmal die Gräber meiner Eltern vertauscht. Ob die Leichen auch, kann ich nicht sagen. Die Steine mit den Inschriften waren es jedenfalls und ich lief stundenlang zwischen beiden weit auseinander liegenden Gruppen hin und her. Belästigte die Friedhofsverwaltung, meinen Bruder, meine Schwägerin. Sprach fremde Passanten an, ob sie es auch sehen? Nein, nicht ich war verrückt geworden, sondern die Materie selbst. Ist sie schon wieder normal? Ich weiß es nicht, ich war seither lieber nicht dort.

Am Vertauschen scheint sie überhaupt Spaß zu haben. Ich hole die Post aus dem Briefkasten. Unter anderen liegen zwei Briefe übereinander. Geschlossen. Einer ist vom Hofmannsthal-Haus in Wien. Ich öffne ihn und ein Brief vom Katzenverein ist drin, mit Erlagschein. Der nächste Brief ist vom Katzenverein selbst. Ich mache ihn auf und das Hofmannsthal-Haus bittet mich um eine Lesung.

Legt man Blumen aufs Grab, damit der Tote dran schnuppert? Wohl kaum. Stelle ich meinem Mann allabendlich einen Silberkelch Rotwein zum Trinken auf den Tisch? Natürlich nicht. Und doch kommt es an wie ein Lächeln, ein Kuss. Ihre Blumen, mein Wein. Das Dumme dabei ist, dass sich die Kelche verbiegen. Nein, nicht dumm. Ich bin sogar glücklich darüber. Obwohl ich nicht sicher sein kann, dass er persönlich die Stiele biegt, bis der Zweigelt ausfließt oder der Rioja. Die Zinnbecher bleiben auch nicht sie selbst. An jeweils einer Stelle kriegt der Rand eine Delle, als hätte ein Riese hineingebissen.

Da ich immer wieder vergesse, dass ich schon alt bin, schlafe ich auch im Winter bei offenem Fenster. Das geht nicht spurlos an mir vorbei. Ich hätte, dachte ich unlängst, wieder eine Lungenentzündung. Ging nicht zum Doktor, werde ich mir selbst die Tür zusperren? Am Morgen merkte ich dann, dass meine Decken stramm durch einen Metallbügel unter die Matratze gezogen waren. Tue ich selbst nie, ich hab sie lieber lose. Das ging ein paar Nächte so. Nicht regelmäßig, und dann hat es ganz aufgehört. Es ist wärmer geworden. Aber es kam wieder und jetzt sind beide, die dünne und die aus Wolle, fest unter den Lattenrost gezurrt. Sind sie es einmal nicht, was vorkommt, bin ich enttäuscht.

Ein paar Schuhe lösen sich über Nacht auf. Ich suche sie in der ganzen Wohnung. Drei Wochen später stehen sie, als wäre nichts geschehen, auf ihrem alten Platz.

Das Notenmanuskript des »Tulifant«, einer Oper meines Mannes, verschwand spurlos in Rindlberg. Wir stellten das ganze Haus auf den Kopf. Auf einmal lag es wieder auf dem ansonsten leeren Deckel des Flügels, an dem er es komponiert hatte.

Die meisten anderen Spukgeschichten der Materie hab ich entweder vergessen oder schon in einem anderen Buch (»Unsterblichkeit«) notiert. Ich zähle nur kurz auf:

Ein zum Knäuel verdrehter Schlüsselbund; ein zum gleichschenkeligen Dreieck verbogener eiserner Fensterhaken; eine fremde Goldkette, die offenbar vom Himmel fiel; eine Münze auf dem Badewannenrand; alte ausländische Münzen in meiner Geldbörse und der Tasse eines Kerzenleuchters; von der Wand fallende Bilder, aber der Nagel steckt fest in der Mauer und der Ring ist unversehrt; von selbst wechselnde Programme im Fernsehen; an- und ausgehende elektrische Lichter; die üblichen Verrückungen auch schwerer Möbel und Gegenstände; ein Berg gelber Heftklammern im Bad; Sesam-öffne-dich-Türen und -Lifte; ein Suppentopf spaziert aus der Abtropftasse unter mein Bett. Und die Zeit geht auf meinen sämtlichen Uhren vor. Auf den mechanischen drastisch, aber auf den elektronischen auch. Eine von ihnen stand zwei Stunden lang still, da spielte mein Herz verrückt und ich glaubte zu sterben. Ja, und dann gingen sie wieder, die Uhr und das Herz.

Habe ich eine Erklärung dafür? Nein, ich hab keine. Außer, dass mein Mann Gottfried gern lustige Streiche spielte. Aber vieles ist passiert, bevor er starb. Nachher auch. Selbstverständlich hab ich ihn gefragt. »Du kannst keine Materie mehr bewegen, also wie – wenn überhaupt – machst du das?« – »Ich muss die Materie nicht bewegen«, sagte er. »Ich hypnotisiere sie einfach.« Kann ich das auch? Ich weiß es nicht.

Haben Hüte Humor?

Das weiß ich auch nicht, ich trage nie welche. Was ich meine, ist: Hat Materie Humor? Man soll diese Frage nicht unterschätzen. Sie könnte unser Weltbild verändern. Und denken Sie an den Spaß, den Sie mit Ihrem Staubsauger haben könnten oder mit der Küchenkredenz.

Die Herren Nobelpreisträger wären sicher bereit, ernsthaft darüber nachzudenken. Zum Teil taten sie es sogar. Die Frage ist nämlich, sind Dinge lebendig? Sind Sachen, gewissermaßen, Personen? Kinder würden das sofort mit Ja beantworten. Ein paar vernünftige Erwachsene auch.

Ich erinnere mich an eine durchaus kluge und sehr sympathische Rundfunk-Redakteurin, die mich mit ihrem Auto zu einem Interview abholte. In einer anderen Stadt, wir hatten also genug Zeit zum Plaudern. Ihr Mann, offenbar in der Midlife-Crisis, hatte sie verlassen. »Oje«, sagte ich. »Da sind Sie jetzt einsam.« – »Nicht wirklich«, erklärte sie. »Ich hab ja den Sessel.« – »Sie haben was?« – »No, den Sessel. Ich stelle ihn jeden Abend an mein Bett und erzähle ihm, was ich erlebt habe.« Ohne Zweifel war er ein mitfühlender und geduldiger Zuhörer. Als ich die Dame unlängst bei einer Buchpräsentation traf, erkundigte ich mich gleich nach dem Sessel. Sie wurde verlegen. »Er steht jetzt im Vorzimmer«, sagte sie. »Ich hab jemanden kennen gelernt ...« Armer Sessel, mit einem Liebhaber konnte er nicht konkurrieren.

David Bohm, Princeton, hat das Szenarium der Atomphysik wie auch das Denken des 20. Jahrhunderts mitbestimmt und geprägt. »Geist und Materie«, schreibt er, »sind keine voneinander getrennten Substanzen, sondern vielmehr verschiedene Aspekte einer einzigen ganzen bruchlosen Bewegung ... Die Dinge, die unseren Sinnen erscheinen, sind abgeleitete Formen und ihre wahre Bedeutung kann nur erkannt werden, wenn wir das Volle ins Auge fassen, worin sie erzeugt und erhalten werden und in das sie sich letztendlich auflösen müssen.« Er verlangt andere Denkformen für die Behandlung von Dingen. Unbelebte Materie wie auch das Leben begreift er auf einer einzigen, beiden gemeinsamen Grundlage, die weder Bewusstsein noch Körper ist, sondern eine höher dimensionale Wirklichkeit, die über beide hinausgeht. Tote Materie? »Alles ist lebendig«, sagt er. »Tod ist ein abstrakter Begriff.«

Natürlich haben Hüte Humor!

Das Gespensterfeld

So nennt Einstein die paradoxe Welt hinter den Atomen, wo nichts ist, was es zu sein scheint, und Gott in einem fort würfelt. Dem Schöpfer der Relativitätstheorie gegenüber ist das eine ganz große Gemeinheit. Aber was soll's? Wir leben nun einmal in dieser spukhaften Welt, obwohl wir gleichzeitig in einer anderen leben, die uns ganz natürlich vorkommt.

Licht existiert zugleich als Welle und Teilchen. Wir auch. Als Teilchen sind wir Leib, und Seele als Welle. Das ist zwar ein Bild, doch können wir die Welt nur als Bild oder Formel begreifen, wenn überhaupt. Und ein Buch mit lauter Formeln möchten Sie sicher nicht lesen!

Das Photon, also unsere Seele, ist immateriell, zeitlos, unsterblich. Das Teilchen, unser Leib, nicht. »Wir sind vergänglich wie die Träume«, schreibt Ossian. Damit kann er nur die Teilchen meinen. Sind Teilchen am Ende gar Träume? Träumt die Seele den Leib wie das Photon seine Teilchen? »Den Rest meines Lebens werde ich darüber nachsinnen, was Licht ist«, sagte Einstein.

Der Welle-Teilchen-Dualismus des Lichts, der Teilchen-Welle-Dualismus der Materie, sie gehören noch immer zu den ungelösten Rätseln der Physik. Schon Louis de Broglie, der nicht nur Nobelpreisträger war, sondern ein französischer Prinz, stellte die Hypothese vom Wellencharakter der Materie auf. Einstein, wir wissen es schon, nannte sie ein Gespensterfeld. Der Wellencharakter der Materie ist eng mit ihrem Quantencharakter verbunden, und das heißt? Sie haben die gleiche Doppelnatur. Genau wie wir. Verschiedene Aspekte der Wirklichkeit nennt sie Niels Bohr.

Alle Wissenschaftler von Rang waren Künstler. Die Flügel ihrer die Welt verändernden Theorien sind Ahnung und Intuition. Es gibt die Arbeiter und es gibt die Poeten der Mathematik, der Physik und so weiter. Es waren die Poeten, die den Leuchtspuren folgten. Poeten, die den Ariadnefaden der Seele fanden, der sie aus dem Labyrinth der Ratio führte, und wohin? In die Freiheit des Entdeckens. Die Lust des Erkennens immer neuer Wahrheiten, von denen keine die letzte, endgültige ist. Wir sind alle noch auf der Reise! Wer glaubt, angekommen zu sein, steht auf einem Provinzbahnhof. Die großen Züge fahren an ihm vorbei.

Ich möchte mit Ihnen in Einsteins Gespensterfeld reisen. Dort werden wir versuchen, das Rätsel der Doppelnatur des Lichtes zu lösen. Vielleicht auch das Rätsel unserer eigenen doppelten Natur. Bin ich Physikerin? Nein, obwohl die Physik eine meiner Freuden ist. Sowieso werden Rätsel gern im Schlaf oder von Außenseitern erraten.

Die Wissenschaftsgeschichte ist voll von Beispielen. Wer nicht mehr oder noch nicht in logischen Zwängen denkt, steigt unbefangen die Jakobsleiter der Wahrheit hinauf. Und oft genug wieder befangen herunter. Wenn er nicht sogar fällt und sich den Hals bricht. An Beispielen dafür ist gleichfalls kein Mangel.

Wie andere, wackelt auch diese Leiter. Sollen wir deshalb unten stehen bleiben?

Welle träumt Teilchen

Was ist ein Teilchen? Ein hartes Kügelchen an einem bestimmten Ort, ein Massepunkt, also eindeutig materiell. Oder doch zweideutig?

Was ist eine Welle? Die Berg- und Talbewegung einer Energie ohne bestimmten Ort, eine Schwingung, also eindeutig immateriell. Oder zweideutig?

Aber Wellen können sich wie Teilchen verhalten und Teilchen wie Wellen. Licht tritt als Teilchen und Welle auf, und zwar zugleich. Das ist unlogisch, das ist ganz unmöglich, das ist skandalös und treibt die Physiker in den Wahnsinn.

»Warum verwandelt die Natur Licht nicht in Körper«, hat schon Sir Isaac Newton gefragt, »und Körper in Licht?« Wie es heute scheint, tut sie genau das und dafür gibt es eine ganz einfache Erklärung. Ich zum Beispiel und Sie auch, also wir beide sind Teilchen, wenn wir wach sind, und Wellen, wenn wir träumen. Oder ist es gerade umgekehrt?

Jedenfalls befinden wir uns in beiden Zuständen und das nicht nur hintereinander. Ich weiß, wovon ich rede, denn mir passierte und passiert es fortwährend. Ihnen wahrscheinlich auch, doch ziehen Sie vor, es nicht zu bemerken. Wie die Kamele im Schlafzimmer.

Damit meine ich, dass völlig normale Leute mich dort sehen, wo ich gar nicht bin. Das Phänomen ist, und nicht allein aus Heiligenlegenden, bekannt. Man nennt es Bilokation, das heißt gleichzeitiges Erscheinen eines Menschen an zwei oder mehreren Orten. Leider weiß ich selbst nie etwas davon, siehe Kamele, Engel und das Gehirn als Informationsblockade. Die unerbittlich strenge Wahrnehmungszensur. Nicht nur gesehen, ich werde auch an verschiedenen Orten gehört. Zur gleichen Zeit. Aber ich sage nicht dasselbe!

Irgendwie bin ich, das werden Sie verstehen, schockiert. Wieso gibt es etwas, das es nicht geben kann? Mein Interesse ist zwar physikalischer und philosophischer, vor allem aber ganz persönlicher Natur. Ich möchte endlich wissen, wie wir in der Welt funktionieren. Oder wie die Welt in uns funktioniert?

Dass unser bewusstes Leben ein Traum ist, haben die meisten großen Dichter und Denker gewusst und gesagt. »Wir alle sind aus jenem Stoff gemacht, aus dem die Träume sind«, so Shakespeare. Manche hielten Gott für den Träumer, aber ich weiß nicht. Hätte er da nicht lauter Albträume? Also ich möchte mich nicht unbedingt träumen lassen! Oder tue ich gerade das? Nur, wer oder was ist dieses Ich?

Materie ist ohne Zweifel eine Kreation der Energie.

Oder, da es der neuen Physik zufolge gar keine Materie gibt, ihr Traum. Energie träumt Materie, Welle träumt Teilchen und die Seele träumt Leiber. So einfach ist es. Und wer oder was ist die Seele? Der jenseitige Mensch. Oder die jenseitige Katze, das jenseitige Schaf. Ich, Sie und so weiter. Alles in seinem jenseitigen Zustand.

Womöglich verstehen wir jetzt das Licht. Es tritt als Welle und Teilchen auf, na und? Das tun wir auch. Dies- und jenseitig, da wir beides sind, und zwar zugleich. Wir sind träumendes Licht. Wenn die Seele den Leib nicht mehr träumt, stirbt er. Löst sich auf wie unsere nächtlichen Zaubergestalten am Morgen. Erfahren wir die Welt nur im Schlaf?

Die Welt und uns selbst. Nur im Schlaf, nur im Traum. Wacht die Seele auf, gibt es beide nicht mehr. Das erklärt unsere Angst vor dem Tod und warum wir ihm so verzweifelt Widerstand leisten. Warum können wir uns nicht entscheiden, ob wir die Welle sind oder das Teilchen? Traum oder Träumer. Das alte Leib-Seele-Problem.

Aber wie kann man eins vom anderen trennen? Wir erfahren uns doppelt, haben eine Zwienatur. Leiber fließen aus der Seele wie Wasser aus einer Quelle. Gleiten über den Spiegel des Bewusstseins und dann? Gibt es jenseits aller Särge, jenseits von Erde und Feuer ein Meer, das sie aufnimmt?

Ein Gott kommt auf Besuch

Das kam früher ziemlich oft vor. Aber da gab es auch noch genug Götter. Heute muss man schon froh sein über einen Heiligen oder gar Engel. Das Problem dabei ist, mit denen kann man nicht reden. Engel sind makellos und keine Person. Die Götter waren lustig und wild, man konnte jede Menge Spaß haben mit ihnen. War man krank, schlief man in ihren Tempeln und wurde gesund. Sie wirkten in unseren Träumen, die so wirklich waren wie die Ereignisse des Tages. Das sind sie noch immer. Nur wissen wir es nicht mehr, wir halten sie für sinnlose Exkremente des Schlafs. So haben wir den interessanteren Teil unserer selbst wie der Welt eingebüßt. Statt von Göttern, empfangen wir Botschaften vom Fernsehen, der Wirtschaft und Politik. Schön langsam werden wir dieser Botschaften überdrüssig.

Wir suchen das verlorene Zwischenreich der Träume. Es liegt genau zwischen Leben und Tod, dem Dies- und dem Jenseits, beide trennend und verbindend zugleich. Während Licht auch als Materie erscheinen kann, ist die Dunkelheit des Traums immateriell. Eine in allen Farben der Edelsteine leuchtende und funkelnde Dunkelheit, die uns hinter geschlossenen Lidern verzaubert und schreckt.

Liegen die Abgründe des Traums, jene unter- und vielleicht auch überirdischen Reiche, innerhalb oder außerhalb unserer selbst? Darüber gehen die Meinungen auseinander, doch gibt es zwischen Innen und Außen wahrscheinlich weder Unterschiede noch Grenzen. Die Landschaften des Traums sind so real wie die vor Ihren Fenstern und die Wesen, denen Sie dort begegnen, auch.

Jede Nacht steigen Sie eine geheimnisvolle Treppe hinab und wieder herauf. Leider erinnern die meisten Leute sich, wenn überhaupt, nur an die erste Stufe, wo der Tag gerade zu Ende geht. Auf dieser Stufe geht es konfus und langweilig zu. Sie können die Deutung dessen, was dort geschieht, getrost den Psychoanalytikern überlassen. Es ist sowieso uninteressant.

Die tieferen Stufen der Traumtreppe allerdings führen Sie in eine völlig andere Welt. Ich selbst bin zum Glück mit ihrer Geografie schon ein wenig vertraut. Es gibt ein jenseitiges oder Spiegel-Wien, in dem ich immer wieder herumwandere. Ich kenne schon seine Plätze und Gassen, sogar einen großen Markt, ein kleines Hotel und die vielen Tunnels, durch die man in verschieden hohe und tiefe Ebenen gelangt. Dem alltäglichen Wien ist es ähnlich und wieder nicht. Es passiert mir, dass ich eins in dem anderen suche, und natürlich nicht finden kann.

Dort treffe ich die Toten. Ich treffe sie wirklich und das können Sie auch. Ohne Zweifel tun Sie es längst und wissen es nicht. Schon wieder Kamele! Wie trickst man den Zensor im eigenen Gehirn aus? Die Schätze aus den Tiefen der Nacht, wie nimmt man sie mit, wenn man in den Morgen aufsteigt?

Da müssen Sie sich während des Tages immer wieder fragen, ob Sie jetzt wach sind oder träumen? Denn so sicher ist weder das andere noch das eine. Der Traum ist der dritte Zustand des Bewusstseins und mit den beiden anderen, nämlich des Lebens und Todes, verwandt. Zwischen allen dreien scharfe und endgültige Grenzen zu ziehen, ist uns nicht möglich. Stellen Sie also jeweils einen Zustand infrage und der andere wird vielleicht antworten. Die Frage ist der Schlüssel, der das Tor zu Ihrer geheimen Schatzkammer öffnet. Ein Tor mitten in Ihrem Kopf und von lauter erlernten Vorurteilen verschlossen. Zum Beispiel, dass die Träume des Schlafs von geringerer Wirklichkeit sind als jene des Wachens.

Suchen und finden Sie also geliebte Tote im Traum, Engel, Dämonen und sprechende Tiere. Sie können alle Wunder der Verwandlung erleben, ja Sie können sie sogar selbst bewirken, wenn es Ihnen gelingt im eigenen Traum zu erwachen. Mir ist es ein paar Mal – nein, nicht gelungen. Es ist einfach passiert. Auf einmal konnte ich zaubern. Jedes Ereignis, jede Szenerie erschaffen, indem ich sie dachte. In der Schlafforschung nennt man es luzid träumen und es gibt eigene Apparaturen dafür. Ich selbst möchte nicht mit Elektroden am Kopf träumen. Wunder bekommt man geschenkt oder gar nicht. Geister kann man nicht nötigen und ein Gott kommt bestimmt nur freiwillig auf Besuch.

Auf der tiefsten Stufe der Traumtreppe, dem ruhenden Punkt zwischen Abstieg und Aufstieg, betreten Sie die Null-Dimension der Ewigkeit. Da sind Sie allgegenwärtig, tot und lebendig zugleich. Kann sein, dass auf Ihren Füßen eine Leuchtspur zurückbleibt und Ihre Schritte heiligt. Doch fassen können Sie die Erinnerung daran so wenig wie eine himmlische Quelle. Noch nicht …

Traumphysik

Wo kommen sie alle her, die Vermummten, Maskierten. Und wo gehen sie hin? Verschwinden sie wirklich aus allen Welten? Für immer aus der Seele des Universums gelöscht. Oder gibt es eine Auferstehung der Träume, einen jüngsten Tag? Karnevalstänzer steigen dann aus den Gräbern des Vergessens. Sie umkreisen uns wie geschminkte Monde, ein schauerliches Ballett.

Nach dem wichtigsten aller Erhaltungssätze geht Energie nicht verloren. Sind Träume eine Form der Energie? Vielleicht vergehen sie gar nicht, sie verwandeln sich nur. Das Mädchen in die Spinne, die Gans in den Bräutigam und die Großmutter in den bösen Wolf.

Die Metamorphosen der Träume gleichen denen des Märchens. Märchenphysik, Traumphysik, Quantenphysik. Eine sonderbare Trinität. Sie verrät mehr als unsere gesamte Schulwissenschaft über die Welt. Sie ist nicht logisch. Sie ist nicht kausal. Es ist eine magische Welt, in der wir leben.

Oder sollte ich sagen, in der wir auch leben? Denn wir existieren in beiden. Ich halte zwei oder auch mehr Welten von unterschiedlichen Frequenzen für möglich. Ohne es selbst zu bemerken, wechseln wir von einer in eine andere. Kann sein, unsere Körper passen sich an die höhere oder niedrigere Frequenz der jeweiligen Welt an. Oder umgekehrt, ich weiß es nicht. Das sind Vermutungen, ausgelöst durch meine eigenen Erfahrungen und auch die anderer Menschen.

Das Gefährt, das uns von einer Welt in eine andere, von einer Frequenz in eine andere führen kann, ist die Trance. Das Wort kommt vom lateinischen transire, hinübergehen. Trance ist ein Zustand des Bewusstseins, der in fast allen Zeiten und Gesellschaften ein alltäglicher Teil religiöser und therapeutischer Praxis war. Nur wir haben diesen Zustand vergessen und verlernt. Außer Wachen, Träumen und Schlafen kennen wir so gut wie nichts mehr. Und sogar Schlaf und Traum, diese fliegenden Teppiche in die Anderswelt, missverstehen wir gründlich als biologische Funktion und Verwirrung im Kopf.

Wir gehen nur noch selten hinüber oder gar nicht. Bleiben, wo wir sind. Bleiben, wer wir sind. Begnügen uns mit einer einzigen Welt. Aber eine einzige Welt ist zu wenig!

Spuktheater

Im Grunde ist das ganze Leben nichts anderes. Ein Spuktheater des Bewusstseins. Ob die Bühne in uns selbst oder außerhalb ist, darüber sind sich Physiker und Philosophen noch immer nicht einig. Bühne, Dramaturgie und Ensemble des Traumtheaters aber lokalisieren wir eindeutig im Kopf. Warum eigentlich?

Viele Kulturen hielten Träume für reale Erlebnisse der Seele, die den Leib während des Schlafes verlässt. Dass sie das tatsächlich tut, ist hinreichend bezeugt, auch von mir selbst. Falls das Wort Seele Sie irritiert, es gibt andere Vokabeln. Paracelsus nannte sie Astralleib oder corpus subtile.

Träumt ein Aschanti, er hätte mit der Frau eines anderen geschlafen, wird er mit der üblichen Buße für Ehebruch bestraft. Sein corpus subtile hat sich sexuell mit dem ihren verbunden. Fängt bei den Papuas ein Zauberer jemandes Seele im Traum, wird der Schläfer nie mehr erwachen. Auch anderen Kontinenten ist der Traumleib nicht fremd. Sogar in Europa hinterlässt er, und nicht nur in den Märchen, seine unheimlichen Spuren.

»Ich träume nie!«, erklären viele und sind davon überzeugt. Nur, es stimmt nicht. Alle träumen, und zwar jede

Nacht sechs- bis achtmal. Träumen wir nicht, weil uns der Schlaf entzogen wird, plagen uns Wahnvorstellungen, visuelle Illusionen. Wir verlieren nicht nur die Orientierung, sondern haben auch das Gefühl, jemand anderer zu sein. Die Psychologen sollten einmal über Traum und Identität nachdenken! Vielleicht tun sie es schon.

Immerhin sind sie die letzten Traumdeuter. C. G. Jung verstand Träume als religiöse, Sigmund Freud als sexuelle Archetypen, und Erich Fromm erkannte ihre Verwandtschaft mit den Mythen. Beide sprechen die Sprache der Symbole. Bei den Babyloniern, Indern, Ägyptern, Hebräern und Griechen ist sie die gleiche wie bei den Aschantis, Irokesen oder bei uns. »Die Träume eines heute in New York oder Paris Lebenden gleichen den Träumen von Menschen, die vor einigen tausend Jahren in Athen oder Jerusalem gelebt haben. Die Träume des antiken und modernen Menschen sind in der gleichen Sprache verfasst wie die uralten Mythen ... Es ist eine Sprache, die eine andere Logik hat als die konventionelle ... Eine Logik, in der nicht Raum und Zeit die herrschenden Kategorien sind, sondern Intensität und Assoziation.« Fromm nennt sie die vergessene Sprache.

Leider sind wir Analphabeten geworden. Fremde im magischen Universum der Analogien. »Durch Belehrung«, so ein sibyllinisches Orakel, »werden die einen aufgeklärt, durch den Schlaf die andern erleuchtet.« Und der Talmud:

»Träume, die nicht gedeutet werden, sind wie Briefe, die nicht geöffnet wurden.«

Freud nennt Traum den Königsweg zur Kenntnis des Unbewussten. Für ihn erschöpft er sich vor allem in den »infantilen sexuellen Wünschen und Ängsten unserer triebhaft asozialen Natur«. Jung hingegen erkennt im Traum »Offenbarungen der Weisheit des Unbewussten«. Wer hat Recht? Wohl beide. Der Mensch ist ein lebendiges Paradoxon.

Nach Demokrit werden die Träume von fremden Personen verursacht, Geistern oder Seelen, die durch die offenen Poren der Schläfer schlüpfen. Für die Irokesen, das sind nordamerikanische Indianer, enthüllen sie das geheime Verlangen der Seele. Sie unterwerfen sich ihren Träumen und führen sie im Wachen aus.

»Den Seinen gibt's der Herr im Schlaf«, sagt der Volksmund. Oder: »Fällt mir nicht im Traum ein!« Was gibt der Herr im Schlaf, was fällt ein im Traum? Vielleicht haben auch Sie schon kluge Träume gehabt. Zumindest haben wir alle vor Prüfungen, für die wir nicht gelernt hatten, unser Schulheft unter das Kopfkissen gelegt. Oder ein scheinbar unlösbares Problem erst einmal überschlafen. Es gibt auch den schöpferischen Traum.

Coleridge träumte eins seiner Gedichte, Stevenson die meisten seiner Geschichten und Gottfried von Einem viele Motive seiner Musik. »Rosa Mystica«, zum Beispiel, ist eine Traumkomposition. Kekulé verdankt die Anordnung der Atome in einem Benzolmolekül ebenso einem Traum wie der Nobelpreisträger Loewi seine Theorie der chemischen Übermittlung nervöser Impulse. Jenseits des Verstandes gibt es ein Schlafdenken, das weit über ihn hinausweist. Ich selbst werde in den hypnagogen Zuständen vor dem Einschlafen und Aufwachen von einer Stimme belehrt, die nicht meine eigene ist. Oder wenn doch, steht ihr Wissen himmelhoch über meinem und wie sollte das zugehen?

»Ich bin«, hat Gottfried von Einem mir einmal gesagt, »ein Kontinuum. Im Prinzip kannst du an jeder Stelle dieses Kontinuums in mich eintreten.« Vielleicht sind wir das alle? Unendliche Kontinua, aber wir nehmen von ihnen jeweils nur eine winzige Endlichkeit wahr. Und wenn wir uns wirklich von der Amöbe bis Mozart erstrecken?

»Mir träumte letzte Nacht, ich sei ein Schmetterling«, schrieb – ich glaube, Chuang-tzu. »Nun weiß ich nicht, bin ich ein Mensch, der träumt, er sei ein Schmetterling oder ein Schmetterling, der träumt ein Mensch zu sein.« Schmetterling und Mensch als verschiedene Glieder eines Kontinuums, könnte das sein? Und der Erleuchtete erkennt sich selbst im ganzen Kontinuum, das ganze Kontinuum in sich selbst …

Daneben sind Träume, sogar die prophetischen der Bibel, beinahe harmlos. Abraham Lincoln träumte seine Ermordung. Es gibt eine Menge solcher Wahrträume, die Tod oder Unfall ankündigen. Auch Traumdiagnosen und

Heilträume. Im Schlaf erwachen wir zu einem anderen Leben, in dem die Gesetze von Raum und Zeit nicht mehr gelten. Traumphysik! Alle Ereignisse sind jetzt und wir durchwandern sie wie eine Landschaft. Aber eine Landschaft, in der Berg und Tal nicht voneinander getrennt sind. Ich bin oft in einer seltsamen Stadt, die zugleich Meer ist und Wald. Das von grünen Hügeln umgebene Haus, in dem ich dort wohne, steht auf Wasser. Vielleicht ist es mein jenseitiges Haus?

Das kosmische Feuer

Der Leib ist ein Rätsel. Und bleibt es, auch wenn wir ihn teilen und jedem Teil einen Namen geben. Bleibt es, auch wenn wir ihn in Funktionen auflösen und alle Funktionen erklären. Bleibt ein dunkles Rätsel und darum haben wir vor ihm Angst.

Diese Angst ist älter als die christliche Kirche, obwohl es scheint, als hätte sie uns aus dem Paradies unseres Leibes vertrieben. Wie kam es, dass wir uns vertreiben ließen? Schon der heidnische Mensch vermutete im Leib ein Geheimnis, das mit dem Schicksal der jenseitigen Seele zu tun hat. Die Alchemisten glaubten an einen Hauchkörper, in dem das Lebenselixier verborgen ist. Das Geheimnis der Unsterblichkeit. Und sie versuchten es aus dem grobstofflichen Körper zu destillieren. Die Unsterblichkeit war ihr Gold. Nicht Blei wollten sie verwandeln, sondern sich selbst.

Origines, der von Rom verfluchte Kirchenvater, lehrte eine Auferstehung, in der weder Stoff noch Form die gleichen bleiben. Die Individualität geht dabei nicht verloren. Wie im Samen eines Baumes sein Logos verborgen ist, so im alten Körper der Samen des Auferstehungsleibes. Der

Leichnam ist eine Quelle, das Grab ein Saatbeet der Toten. Doch ein geistiger Leib ersteht auf, unsichtbar und unberührbar für uns.

Ich halte die Auferstehung des Fleisches für eine der vielen falschen Übersetzungen in der Bibel. Der Tod selbst ist die Auferstehung, und zwar vom Fleisch. An keinem jüngsten Tag, sondern jetzt.

»Ich lebe, ich sterbe, ich vergehe nicht«, lesen wir in ägyptischen Totenbüchern. Im Tod gehen wir in das ewige kosmische Selbst ein, jenes Lebensfeuer, das im Sichtbaren und Unsichtbaren brennt. Wie sagt es der Gnostiker Simon Magus, ein Zeitgenosse des Apostels Petrus: »Der Kosmos besteht aus Feuer, dessen eine Hälfte die sichtbare, die andere die unsichtbare Welt erzeugt.«

Der große Baum im Traum des Nebukadnezar wird am Ende vom Feuer zerstört. Die Frucht des Baums aber ist die menschliche Seele und sie wird nicht zerstört.

Im »Geheimnis der goldenen Blüte«, einem taoistisch chinesischen Text, gleicht der Leib den Wurzeln einer Lotuspflanze im Schlamm, deren Blüte sich zum Himmel öffnet. Die Blüte ist der Geist des Lotus und in den Träumen Sterbender erscheint der Auferstehungsleib immer wieder als Blume, als Vogel, Schmetterling oder Stern.

Im Traum erscheint der Tod uns in vielen Gestalten. Nicht nur mir begegnet er als Saturn, der vorchristliche Gott mit der Sichel. Als Hermes mit Flügelschuhen. Oder als germanischer Odin mit Schlapphut und grünem Mantel. Er ist der Gott der Ekstase, des Zaubers und führt das wilde Heer der Seelen durch die Luft. Die alten Götter … sie sind noch lebendig in uns, gespeichert in unseren Genen. Wir sind das Saatbeet, aus dem sie wieder auferstehen werden. Alle!

Zwischen drei Embolien erwachte C. G. Jung in einem veränderten Zustand, den er als Ekstase und Seligkeit beschrieb. Schwebend im Raum, fühlte er sich im Schoß des Weltalls geborgen. In einer ungeheuren Leere, von höchstem Glücksgefühl erfüllt. Fast genauso schilderte unser soeben emeritierter Ordinarius für Ethnologie mir seine Erfahrung nach zwei Herzinfarkten und unsere grüne Parteigründerin erhob sich nach dem elften Herzstillstand in ein wunderbares eisblaues Meer. Ich kenne viele solcher Geschichten und ich kenne die Menschen, die sie erlebt haben. Das Eigenartige dabei ist eigentlich nur, dass mir das alles auch passiert ist. Nicht ein, sondern viele Male. Und mir fehlte überhaupt nichts. Ich war vollkommen gesund.

Ist es nur mir passiert? Nein, einer ganzen Menge von Leuten. Mir erzählen sie es, aber ihren Familien nicht. Gestehen sie denen, sie hätten ihren Leib verlassen und es wäre ohne ihn toll gewesen, erklärt man sie für verrückt. Dafür gibt es nicht den geringsten Grund. Seelenreisen gab es immer und überall. Wieso lernt man das nicht in der Schule? Warum unterschlägt man, obwohl sie historisch und seriös sind, alle Berichte darüber?

Viele Kulturen glaubten und glauben, dass wir nach dem Tod einen strahlenden Hauchkörper haben, einen Lichtleib. Aber den haben wir doch schon jetzt! Wir müssen nicht warten, bis wir sterben, um mit ihm auf Abenteuer zu gehen. Oder zu fliegen, denn seine Art sich zu bewegen ist nicht von der Plumpheit des Fleisches.

Ein protestantischer Pfarrer träumte vor seinem Tod von einer Uhr, deren Zeiger stillstanden. Hinter der Uhr öffnete sich ein Fenster, durch das helles Licht in sein Zimmer strömte. Das Fenster wurde zum Tor. Er schritt hinaus und verschwand auf dem Weg des Lichts. In den »Wilden Erdbeeren« Ingmar Bergmans begegnen Sie diesem Motiv. Gerhard Dorn, ein Alchemist des sechzehnten Jahrhunderts, spricht vom fenestra aeternitatis, dem Fenster der Ewigkeit oder dem spiraculum, einem Luftloch, das sich dem Eingeweihten beim großen Werk öffnet. Dieses Opus magnum ist die Umwandlung der ersten in die letzte Materie, also des sterblichen in einen unsterblichen Leib.

Was sonst wäre der Tod? Das kosmische Feuer ist nicht erloschen. Es brennt!

Mythische Geografie

Der Traum gleicht dem Zwischenreich. Wie dieses, trennt und verbindet er Leben und Tod, unbewusstes und bewusstes Sein. Die Grenzen von Raum, Zeit und Identität sind aufgehoben. Der Träumer ist vieldimensional und gehört vielen Wirklichkeiten an.

Eines Tages rief eine Unbekannte mich an und erzählte etwas Unheimliches. Seit Jahren verfolgte sie in ihren Träumen ein fremder Mann. Er war, wenn ich mich recht erinnere, klein und er hinkte. Als sie einmal durch den neunten Bezirk ging, war er plötzlich da. Am hellen Tag! Sie erschrak und lief davon. Er verfolgte sie. Es dauerte lang und sie hatte große Angst. Endlich gelang es ihr auf eine fahrende Straßenbahn zu springen. Sie war gerettet. Vorläufig wenigstens, denn ich habe nie wieder von ihr gehört.

Wenn Freunde und Bekannte uns im Traum erscheinen, fühlen wir uns nicht bedroht. Es ist ganz normal. Auch, wenn sie dann anders ausschauen. Sogar, wenn sie das Geschlecht wechselten. Aber umgekehrt? Es ist schauerlich einer Traumgestalt am Tag zu begegnen. Widernatürlich, und es kann nur Unheil bedeuten. Warum eigentlich?

Ramana Maharshi, der schweigende Weise Indiens: »Der Beobachter, der den äußeren Realitätszustand erlebt, ist derselbe Beobachter, der die Träume erlebt. Es gibt keinen wirklichen Unterschied zwischen diesen beiden oder noch anderen Zuständen des Seins ... Es kommt nur darauf an, zu wissen, dass Sie selbst der Beobachter beider Zustände sind.«

Die indischen Philosophen lehren, dass es viele Ebenen des Bewusstseins gibt und nicht nur eine einzige simple Realität. Die Welt beginnt als Brahmas Traum. Für Australiens Aborigines ist die mythische Vergangenheit, Gegenwart und Zukunft Traumzeit und sie klagen: »Der weiße Mann hat keine Träume. Er geht einen anderen Weg. Der weiße Mann, er geht anders.«

Mohammeds großer Traum war seine Nachtreise in die Mysterien des Kosmos. Zu seiner Zeit gab es keinen Unterschied zwischen Schlaftraum und wacher Vision. Und im Totenbuch des Islam wird zum Sünder erklärt, wer nicht an Geister glaubt. Ich bin, was dies betrifft, tugendhaft.

Außenwelt und Innenraum sind, so vermute ich, zwei Spiegel, in denen, jeweils anders verzerrt, dasselbe erscheint. Diesem einen jenseits unserer Spiegel nachzuspüren, ist das Abenteuer schlechthin. Für den Anfang könnten Sie versuchen Ihr Leben als Traum zu deuten und Ihre Träume als Leben. Aber vergessen Sie nicht, dass Tag und Nacht in umgekehrten Symbolen sprechen.

Wie im Feenreich, bedeutet Staub Gold und Hochzeit den Tod, der aber nur eine Initiation in die Anderswelt ist.

James Hillman betrachtet Träume nicht aus der Perspektive der Verdrängung wie Freud oder der Kompensation wie Jung, sondern im Zusammenhang der Seele mit dem Tod. Träume sind Hadesfahrten, Träume gehören zum Schattenreich. Sie spielen in einer mythischen Geografie. Träume führen in die Unterwelt. Die aber ist keine Welt nach dem Leben, sondern eine zeitlose Sphäre im Jetzt.

Die obere und die untere Welt sind dieselbe, nur die Perspektive ist eine andere. Hades ist der Gott der Tiefe, des Unsichtbaren. Ja, er ist der Unsichtbare selbst. In den Göttern und Göttinnen des Schattens, der anderen Seite, widerspiegelt sich unsere Seele. Der Traum lehrt uns, viele zu sein wie der Totengott auch. Schon der griechische Philosoph Heraklit erkannte: »Hades und Dionysos sind eins.«

Der Gott des Rausches und der Ekstase war auch ein schamanischer Gott. Der Schamane ist die Stimme der Toten. Er verbindet die diesseitige mit der jenseitigen Welt. Der Tod ist eine ekstatische Erfahrung! Thanatos, der griechische Tod, war ein Sohn der Urgöttin Nacht. Er wurde als schöner geflügelter Jüngling dargestellt. Das Christentum hat ihn zum Satan und die Unterwelt zum Ort des Schreckens und Verderbens gemacht.

»Wenn wir leben«, wiederum Heraklit, »sind unsere Seelen tot und in uns begraben. Aber wenn wir sterben, kommt Leben in unsere Seelen und sie leben … Lebend rührt der Mensch an den Toten im Schlaf; im Wachen rührt er an den Schlafenden … Die Wachenden haben eine einzige und gemeinsame Welt, doch im Schlaf wendet jeder sich von ihr ab in seine eigene … Für Seelen ist es Tod, Wasser zu werden.«

Wasser des Lebens, Wasser des Todes. Das große Geheimnis. Was meint Heraklit? Vielleicht dasselbe wie das Motto der Alchemie: »Beginne nichts, bevor nicht alles zu Wasser wurde.« Das Opus beginnt mit dem Sterben. Der Tod im Wasser bedeutet Auflösung, durch die eine Form sich in eine andere wandeln kann.

Gottfried von Einem hat immer wieder das Feuer geträumt und er war Feuer. Ich selbst bin und träume Wasser, also Tod. Feuer zeugt und zerstört. Feuer ist Leben. Feuer ist Licht. »Mein Bewusstsein«, so steht es im Tibetischen Totenbuch, »kennt weder Geburt noch Tod. Es ist das unveränderliche Licht.« In Ägypten erschafft die singende Sonne mit ihrem Lichtschrei die Welt.

Der Lichtschrei

Es gibt Sonnenreiche, in denen die Künste und Wissenschaften gedeihen. Und es gibt die Mondreiche der Magier und der Träumer. Das alte Ägypten war ein Sonnenreich. Seine Sonne war der Tod.

Seit bald viertausend Jahren haben ägyptische Dichter die Jenseitsreise beschrieben. Dichter? Wenn sie echt sind, erfinden sie keine Geschichten. Sie ahnen die Welt hinter der Welt, die Wahrheit hinter ihren Erscheinungen und berichten davon. Ihre Totenbücher sind heute so gültig wie damals. Die Geschichte verändert sich, die Seele des Menschen bleibt gleich.

Im historischen Gegensatz zu den Ägyptern, die den Tod als Zentrum des Lebens erkannten, kämpfen wir gegen ihn und möchten ihn am liebsten verweigern. Damit verstümmeln wir uns selbst. Wir sind Kastraten des Lebens. Höchste Zeit für eine Reise in die Unterwelt!

Der Mensch stand – und steht immer noch – zwischen Sonnen- und Todeswelt, dem Totengott Osiris und dem Sonnengott Re. Dass beide ein Einziger sind, haben wir zu unserem Unglück vergessen. Re ist der Ba des Osiris, die Sonne ist die Seele der Nacht. Der Ba ist unsere Himmels-

Seele. Durch sie wird der Totengott Osiris, wird jeder Tote zum Erwachenden.

Wohin geht die Sonne, wenn sie versinkt? Wohin gehen wir, wenn wir sterben? Die ägyptischen Totenbücher verraten es uns. Der Leib geht in die Unterwelt, die Ba-Seele begleitet die Sonne auf ihrer Himmelsreise. Jede Nacht vereinigen beide sich in der Unterwelt zum jenseitigen Leben! Der Ba bewegt sich frei wie ein Vogel, braucht aber die Verbindung mit dem Leichnam, der Mumie. Erst dann ist die Person ganz. Zu dieser Ganzheit gehört auch Ka, das ist der astrale Doppelgänger, der Schatten, der Name.

Die Nachtfahrt der Sonne, die Reise durch die Unterwelt, dauert zwölf Stunden. Sie ist eine Geografie des Totenreichs, des »verborgenen Raums«. Wir lernen die jenseitigen Landschaften und ihre Einwohner kennen. Urgewässer und Urfinsternis, das Sandreich, die Wüste, den Feuersee. Wir begegnen den himmlischen Seelen; ibis-, schakal- und krokodilköpfigen Göttern; Schatten und Verklärten. Es gibt Paviane, Stundengöttinnen, Klagefrauen, Feuer speiende Uräus-Schlangen und menschenköpfige Vögel. Die Zeitschlange gebiert und verschlingt die Stunden. Der Schlangendämon Apophis, der den Sonnengott bedroht, muss mit Messern zerschnitten werden.

Die alten Ägypter haben die Unterwelt anders geträumt als wir. Auch, wenn die gleichen Motive wiederkehren.

Die himmlische Seele. Und das corpus subtile, der Astralkörper, der Hauchleib. Aber die Mumie wird niemals verklärt.

Ist es nicht seltsam? In unserer Bibel war es zuerst finster. Dann kam Gott und sagte: »Es werde Licht!« Und es ward Licht. In Ägypten ist alles anders. »Der Anfang ist das Licht, das Ende die Urfinsternis.«

»Wer den Blick auf die Sonne richtet«, lesen wir weiter im Totenbuch, »dem erschließt sich das Wesen der Finsternis.« Und umgekehrt stimmt es auch. Wir haben zwei Augen und müssen lernen in beide Welten zu schauen. Auch zu hören, wie die Paviane mit Tanz und Musik der Sonne zujubeln, wo immer sie erscheint. Sie reden mit Re in einer geheimen Sprache, die kein Lebender versteht. Nur Götter und Tote verstehen sie. Ihre Worte öffnen dem Sonnengott als dem großen Ba, der großen Seele, die verschlossenen Tore des Horizonts, dass er in seinem Boot in die Unterwelt fahren kann.

Die ägyptischen Totenbücher sind eine Topografie des Bewusstseins und das Bewusstsein kennt keine Zeit. Nie kommen wir als Neugeborene auf die Welt. Unser Ba hat nichts, was war, ist und sein wird, vergessen. Alle Wesen, Völker, Kulturen sind Zellen in einem einzigen Organismus, einem dies-jenseitigen kosmischen Leib. Die alten Götter und Geister sind noch immer da! In den Karnevalen der Zeit tragen sie viele Masken. Unter den Masken erkennen wir das ewige Gesicht.

Osiris und Dionysos sind derselbe. Hades und Dionysos sind eins. So eins wie Osiris und Re, Leichnam und Licht. Ist nicht auch Jesus ein Sonnengott, der in die Unterwelt fährt und – wieder auferstanden von den Toten – das ewige Leben bringt? Seine Kreuzigung, so predigt der heilige Augustin, ist die Hochzeit mit dem Tod. Jesu Hochzeit mit der Tödin. In der chymischen Hochzeit werden die Gegensätze vereint und erlöst.

Geschichte ist auch mythisch und die Mythen sind alle historisch. Es ist die Historie der Quantenwelt, der wir ebenso angehören wie jener der Materie. Oder, um es ägyptisch zu sagen, unser Ka und unser Ba, der astrale Doppelgänger und die Seele, existieren in zwei völlig verschiedenen Wirklichkeiten. Ein Papyrus berichtet über einen Mann, der mit seiner Seele in Streit geriet. Worauf sie ihm die Leviten las. Zuletzt drohte sie, ihn im Jenseits allein zu lassen und dann hätte er die Bescherung!

Wir haben eine materielle und eine immaterielle Geschichte. Und wie Re, der Gott oder Geist der Sonne, sich immer wieder in der Unterwelt mit seinem Alter Ego, seinem Leichnam Osiris vereinigen muss, sollten auch wir die Nachtfahrt antreten und unser diesseitiges mit unserem jenseitigen Ich vereinen. Denn wir sind Teilchen und Welle, lebendig und tot und beides zugleich! Wie Osiris haben wir eine Tag- und eine Nachtgestalt, Mumie und Seele.

»Erhebt euch, ihr Götter!«, ruft der Sonnengott den im Todesschlaf Liegenden zu. »Ihr hütet die Seelen, lebt von ihrer Verwesung, atmet von ihrer Fäulnis. Ihr richtet euch auf durch meine Sonne, streckt euch gerade durch meinen Glanz.«

Durch Verfall und Verwesung werden die Toten lebendig. In der tiefsten Finsternis wird der Sonnenleichnam zum Licht. Das ägyptische Totenbuch ist die Geschichte einer chronischen Wiedergeburt. Die Sonne geht unter, die Sonne geht auf. Ihr Lauf vereint Himmel und Unterwelt. Jede Nacht vereinigt die Osiris-Mumie sich mit dem Sonnengott, ihrer Seele, und erwacht zu neuem Leben. Jeder Tote ist Osiris und wird von seiner Seele erleuchtet. Wir sind Osiris, wir sind die Toten und erwarten unseren Ba, unsere himmlische Seele, die den Bann bricht.

»Meine Seele ist mit mir«, steht im Totenbuch, »damit ich auf meinem Leichnam verweile.«

Der Sonnengott ist die Seele des Osiris. Es ist die Seele, die das Leben spendet! Die Zeit gehört zum Leichnam. Die Zeitschlange, welche die Stunden gebiert und verschlingt, ist ein Todessymbol. Der Leichnam aber ist das verborgene Mysterium, eine schwarze Sonne. »Wenn du dich, Re«, so das Totenbuch, »auf deinem Mysterium niedergelassen hast, beten die Geheimen dich an in deiner Gestalt.« Die Geheimen sind die Toten und Re erscheint in vielen Gestalten. »Es kommt der, der hinter seinen Erscheinungen kommt, es geht Re hinaus hinter den Formen seiner Erscheinung!«

»Geöffnet ist das Gesicht des Re, aufgetan sind die Augen der Horizontischen.« Der Ägypter erwartete, im Jenseits der Sonne ins Angesicht zu blicken. Das ist auf Erden nicht möglich, wo sie als Bild und Gleichnis erscheint. Ihr Wesen, ihr wahres Gesicht enthüllt sich nur dem, der die Schwelle des Todes überschritten hat und der Sonne auf ihrer Nachtfahrt folgt. Die Sonne verbindet Himmel und Unterwelt und genau das müssen wir wieder tun! Re und Osiris in uns verbinden. »Wer den toten Osiris schaut, kann nicht sterben.«

Während der Sonnengott durch die Unterwelt zieht, werden die »Bilder« der Wesen sichtbar, die sie bewohnen, während ihre Leichname im Sand begraben liegen. Diese »Bilder« antworten dem Ruf, den er an ihre Ba-Seelen richtet. Aber was sie antworten, sind keine verständlichen Worte. Es klingt wie die Stimmen von Tier und Metall. Wie Bienengesumm, Gemurmel und Katerschrei. Ein Sumpf voller Vögel. Er aber hört und versteht ihren Jubelgesang. Zieht er weiter, werden die »Bilder« wieder in der Finsternis begraben. Auch der Sonnengott selbst vereinigt sich in der Unterwelt mit seinem »Bild«.

Ägypten ist überall. Ich erinnere mich an einen Abend, an dem ich mit Gottfried von Einem auf unserer Wiese saß. Wir schauten zum Wald hinüber und er sagte, unser Haus stünde in Rindlberg und es stünde auch nicht da. Sondern vielleicht jetzt gerade in Indien und er nannte noch andere Teile der Welt. »Du meinst«, fragte ich, »dass der Raum schwankt oder vielleicht gar nicht existiert?« Ja, das meinte er.

Einmal ging er über den Wiener Kohlmarkt und auf einmal war er in Kairo. Nur einen Schritt lang. Wie ist so etwas möglich? Und es gibt eine ganze Menge ähnlicher Beispiele. »Räume sind Zustände«, hat er mir Jahre später verraten, »und Orte sind Codes.« Da war er schon auf seiner Nachtfahrt. Noch immer habe ich die Codes nicht entschlüsselt. Und wenn es wirklich keinen Raum gibt? Das hat sogar Kant schon gewusst und er war nicht der Erste. Aber wessen Zustände nehmen wir wahr?

Ich erinnere mich auch an die vielen Stimmen, die Gottfried und ich nächtens in unserem einsamen Haus auf der Waldwiese hörten. Laute, deutliche Stimmen. Aber nie verstanden wir auch nur ein einziges Wort. In meiner Verstörung habe ich sogar Psychiater dazu befragt. Nein, erklärten sie, dafür treffe keine psychiatrische Diagnose zu. In diesem Fall verstünde man die Stimmen nämlich. Sie fordern dazu auf, die Großmutter zu ermorden oder vom Kirchturm zu springen. So etwas verlangten unsere Stimmen zum Glück nicht. Wir hatten sogar das Gefühl, dass sie überhaupt nicht zu uns sprachen. Wir hörten sie nur.

Wen hörten wir jahrzehntelang? Waren es die Stimmen der Sonnenpaviane? Die Stimmen der »Bilder«, der Toten in der Unterwelt? Und bedeutete es, dass wir manchmal selbst in dieser Unterwelt waren? Dazu kommt, dass mein

Mann damals, wie die ägyptischen Jenseitigen, zu meinem Entsetzen freien Auges in die Sonne schauen konnte und es auch tat. Und dass er zuweilen in der tiefsten Finsternis las, als wäre der Sonnengott persönlich sein Nachtlicht.

Im Gegensatz zu mir hat Gottfried das Totenbuch nie gelesen, seine Lektüre war ganz anderer Art. Als ich aber einmal dessen wahren Titel erwähnte, nämlich »Das Heraustreten ins Tageslicht«, erklärte er die Übersetzung für falsch. Richtig wäre, so sagte er, »Das Heraustreten des Lichts«. Ich verstand ihn sofort. Also das ist der Tod. Das Licht tritt aus unserem Körper. Die Seele.

Osiris ist kein vergangener Mythos. Aber haben wir bei unseren seltsamen Abenteuern wirklich das Jenseits erfahren, unsere nächste Welt? Da bin ich gar nicht so sicher.

Auf seiner Todesreise gerät Osiris zunächst in ein Zwischenreich. Die Tibeter kennen es als Bardo und ich vermute, dass unser Fegefeuer nichts anderes ist. Jene Zone, in der das Ego verbrennt und der Tote sich in den Jenseitigen verwandelt. Dort stirbt er den zweiten Tod, löst seinen historischen Informationsleib auf. Kein ICH geht ins Jenseits ein.

Ich rede mit Toten, was im Grund jeder kann. Doch habe ich den Verdacht, dass diese Kommunikationen – und sie finden ohne jeden Zweifel statt – sich im Zwischenreich ereignen. In jenem Zwielicht, das nicht mehr diesseitig und noch nicht jenseitig ist. Dorthin können wir den Toten folgen, einander begegnen. Erreichen wir sie nur, solange sie noch ein ICH sind?

Oder vielleicht, solange wir gerade selbst keines sind. Wenn wir vergessen, wo wir sind, sind wir überall. Wenn wir vergessen, wann wir sind, sind wir immer. Und wenn wir vergessen, wer wir sind, können wir alles sein.

Jenseitige Wellen

»Beim Tod jedes Lebewesens kehrt der Geist in die Geisterwelt und der Körper in die Körperwelt zurück.« Sagt Erwin Schrödinger. Gut, er hat Aziz Nasafi zitiert, einen islamisch-persischen Mystiker aus dem 13. Jahrhundert. Aber er scheint ihn zu schätzen.

Er lobt auch Kant für die Größe seines Gedankens, »dass dieses eine Ding – Geist oder Welt – sehr wohl anderer Erscheinungsformen fähig sein kann, die wir nicht zu erfassen vermögen und welche die Begriffe Raum und Zeit nicht enthalten.«

Glaubt der Nobelpreisträger an Geister? Selbstverständlich, wie jeder vernünftige Mensch. Nur die ganz Unvernünftigen bilden sich ein, dass es, was wir nicht sehen und hören können, auch nicht gibt. Wir aber wissen schon, dass man so gut wie nichts hört und sieht. Was wir zu erfassen vermögen, ist herzlich wenig.

Nach dem Bell'schen Theorem, einer Physik jenseits der Quanten, ist die Welt, die wir für real halten, nicht objektivierbar. Sie existiert nur in unserem subjektiven Bewusstsein und wir haben keine Ahnung, ob und wie sie in Wirklichkeit ist.

Heute glaubt man nicht mehr an ein materielles, sondern an ein Informationsuniversum, in dem überlichtschnelle Kommunikation mit Zukunft und Vergangenheit möglich ist. Eine wissenschaftliche Rechtfertigung der biblischen und anderen Propheten? Eigentlich ja. Der Astrologe ruft die Information aus den Sternen, die Zigeunerin aus den Handlinien ab. Aus Kristallkugel, Kaffeesatz, Tarot. Das ist ganz egal. Abgerufen wird die Information stets aus dem eigenen Bewusstsein, das wir für persönlich halten, obwohl es allgemein ist.

Folgen wir Erwin Schrödinger, dem großen Wellenmechaniker, wenn er weiter Aziz Nasafi zitiert: »Die Geisterwelt ist ein einziger Geist, der wie ein Licht hinter der Körperwelt steht und durch jedes entstehende Einzelwesen wie durch ein Fenster hindurchscheint. Je nach der Art und Größe des Fensters dringt weniger oder mehr Licht in die Welt. Das Licht aber bleibt unverändert.«

Eine kleine Anekdote zur Erholung: Erwin Schrödinger lebte, wie auch Arthur Koestler, der fulminante Literat der Wissenschaften, in Alpbach. Unabhängig voneinander suchten beide einen bekannten Astrologen auf und nahmen ihre Horoskope in Empfang. Jahrelang richteten sie ihr Leben genau nach Horoskop ein. Jupiter, Venus, Saturn und so fort beherrschten ihre Unternehmungen und an den Unglückstagen blieben sie einfach im Bett. Bis sich eines Tages herausstellte, der Sterndeuter hatte versehentlich die Horoskope und sie ihre Biografien vertauscht.

Zurück zu Nasafi! Die Geisterwelt ist ein einziger Geist und sein Licht fällt in uns wie in kleinere oder größere Fenster. Statt Fenster könnten wir auch Antennen sagen. Wir haben Licht-Antennen, die wir allerdings nicht immer ausfahren. Tun wir es aber, haben unsere Fenster keine Rahmen mehr, wissen wir alles. Einfach alles!

Meine eigene Antenne hab ich vor sechzehn Jahren kennen gelernt. Wir lebten damals in Zemling am Manhartsberg, wo es fürchterlich spukte. Den wahrscheinlichen Grund dafür nannte uns der Universitätsprofessor Fritz Steininger, Geologe und Paläontologe. Direkt unter unseren Zimmern rieben sich zwei Erdschollen aneinander. In einem veränderten Bewusstseinszustand sah ich, wie eine sehr starke Leitung um unser Haus gelegt wurde. Vor dem Haus stand eine riesengroße, aber noch nicht angeschlossene Antenne. Dicke Stahldrähte oder Metallstäbe ragten nach allen Richtungen offen in den Himmel.

Ob meine Antenne inzwischen angeschlossen wurde, weiß ich nicht so genau. Ja, vermutlich. Denn da hatte ich gerade begonnen mit Toten zu reden. Oder vielmehr, sie redeten mit mir. Ich träumte auch von einem Haus mit ausgebrochenen Fenstern, Türen und Mauern. Es stand in New York, also der Neuen Welt. Mit meiner Antenne empfange ich jenseitige Wellen. Aber nicht immer und längst nicht genug!

Es ist entscheidend für den Empfang, wo die Antenne

steht. Ich habe immer nur auf geologischen Störzonen empfangen. In Rindlberg, Zemling, Oberdürnbach. In meinem letzten Waldviertler Häuschen in Weikertschlag an der Thaya spukt es kaum. Aber in den Nächten passiere ich geheimnisvolle Durchgänge und entdecke verborgene Lifte, in denen ich hinauf und herunter fahre. Wohl Symbole der eigenen wechselnden Frequenzen, denen wechselnde Wahrnehmungen entsprechen. Dabei gerate ich in Welten von leuchtender, überirdischer Schönheit. Das himmlische Jerusalem und alle jenseitigen Paradiese – sind sie nur religiös interpretierte und ausgeschmückte Erfahrungen Sensitiver? Ich nehme es an.

Eine süsse Person

Der Religionsphilosoph Arnold Keyserling ist ein echter Graf, obwohl Grafen nicht mehr erlaubt sind. Wir sind seit einem halben Jahrhundert Freunde. Er, seine Frau Willi und ich. Als sie in Kalkutta lebten, holte Gottfried von Einem sie mit Gewalt zurück nach Wien. Sie fehlten ihm einfach. War er unzufrieden mit mir, was natürlich vorkam, sagte ich: »Geschieht dir ganz recht! Hättest du den Arnold halt in Kalkutta gelassen.« Denn ich habe meinen späteren Mann bei den Keyserlings kennen gelernt.

Aus Dankbarkeit versorge ich ihn noch immer mit Kriminalromanen, die ich selbst leidenschaftlich gern lese, und er versorgt mich dafür mit Weisheit. Er hat sie in Fülle, aber nicht pur. Pure Weisheit kann unerträglich sein. Arnolds Weisheit ist von den Goldadern des Humors durchzogen und so lachen wir viel.

Einmal erschien Arnold die Erde im Traum und sie war ärgerlich. »Sag nicht immer Mutter zu mir«, rügte sie ihn. »Ich bin auch eine Geliebte! Und jetzt baust du mir gefälligst ein Heiligtum.« Am nächsten Tag gab Arnold ein Inserat in die Kronenzeitung: »Suche Platz für Erdheiligtum.«

Er bekam eine einzige Zuschrift. Ein Bauer in Hintersdorf war bereit, ihm seine Müllhalde zu verpachten. Willi, eine geborene Prinzessin Auersperg, karrte persönlich den Mist weg. Fünfundzwanzig Mal mit dem Lastwagen. Seither feiern die beiden samt Freunden und Schülern mit Tanz, Trommeln und Wein, Festmählern und spirituellen Divinationen die Erde. Sie ist nicht nur ein Planet. Sie ist eine süße Person!

Haben Sie einen Geliebten? Eine Geliebte? Dann wissen Sie, dass der Leib unterschiedliche Zonen hat, an deren Zauber Sie sich erfreuen. Die alten Griechen nannten die Erde Gaia und hielten sie für eine Göttin. Mit Recht! Dann brach ein finsteres Zeitalter über uns herein. Wir dachten, die Erde wäre unsere Magd oder gar eine tote Maschine. Jetzt erkennen die Wissenschaftler sie schön langsam wieder als lebendigen Planeten, einen bewussten und beseelten Organismus und sprechen vom Gaia-Prinzip.

Während wir – viel zu langsam! – von Ausbeutern wieder zu Liebhabern der Erde werden, erfahren wir von neuem ihren vielfältigen Zauber in Raum und Zeit. Denn in beiden ist sie nicht überall gleich beschaffen, sondern ihr raumzeitlicher Leib hat seine Zonen des Blühens und der Wüste, der Zartheit, des Friedens und der Gewalt.

Die verschiedenen Qualitäten des Raums und der Zeit bestimmen, wie wir der Welt erscheinen, und wie die Welt uns erscheint. Geomantie, wörtlich Gespür für die Erde, ist die Kunst der räumlichen, und Astrologie, wörtlich Sternlehre, die Kunst der zeitlichen Weissagung. Sie können Geomantie und Astrologie als irdische und himmlische Wünschelrute betrachten. Aber vergessen Sie nicht, der Ausschlag der Ruten kommt von Ihnen allein. »Der Mensch selbst«, weiß Goethe, »ist der größte und genaueste physikalische Apparat.«

Wir alle sind Zellen im terrestrischen Leib. »Ich bin im Osten und im Westen«, verkünden die ältesten heiligen Schriften der Inder, die Veden. »Bin unten und bin oben, ich bin diese ganze Welt.«

Und so ist alles Wissen in uns, obwohl wir für gewöhnlich nicht darüber verfügen. Es gibt Techniken etwas von diesem Wissen in uns abzurufen. Die Wünschelrute ist eine von ihnen und eine andere die Astrologie. Aber Rutengänger wie Astrologe müssen schon Sensitive sein, sonst rufen sie nur ihre eigene Ignoranz ab.

Wir wundern uns, dass es Zeiten und Regionen gibt, in denen Genies wie Pilze aus der Erde wachsen. Zeiten und Regionen, die immer wieder vom Krieg heimgesucht werden. Oder solche, die unauffällig bleiben, in denen nie etwas Besonderes geschieht. Im Raum wie in der Zeit gibt es Zonen, die uns wie ein Sturm aus der Alltäglichkeit reißen. Zonen einer ungeheuren Energie, die wir noch nicht verstehen.

Gekreuzte Wasseradern können Tore in andere Welten sein und in der Vergangenheit hat man alle großen Kultstätten auf ihnen errichtet. Sprünge im Raum und Risse in der Zeit entführen uns in eine andere Wirklichkeit. Wir müssen nur mutig und neugierig bleiben. Denn unsere physische und psychische Identität wird dabei verändert. Das können wir als Krankheit erfahren. Besonders, wenn wir uns gegen die Veränderung wehren.

Ihr Bett kann ein Schiff auf hoher See sein, mit dem Sie zwar neue Kontinente entdecken, aber vielleicht auch untergehen. Sie werden von Himmel und Erde umarmt und solche Umarmungen hält nicht jeder aus. »Das irdische Leben«, sagt der russische Biophysiker Sergejew, »ist durch unsichtbare Fäden mit dem nahen und fernen Kosmos verknüpft. Der Mensch braucht sich nicht in den Weltraum schicken zu lassen um sich kosmischen Einflüssen auszusetzen. Er muss nicht einmal sein Zimmer verlassen.« Oder sein Bett.

Es gibt unterirdische Wasserläufe und kosmische Strahlung. Vertikal und horizontal sind wir eingeschlossen in ein lebendiges Gewebe, unendlich viel größer als wir selbst. Energien, denen wir nicht gewachsen sind, erleben wir als Störzonen. Unsere Reaktionen sind vom Biorhythmus abhängig und immer subjektiv.

Die Intensität der Erdstrahlen verändert sich. Von 6 bis 22 Uhr ist sie einigermaßen konstant, zwischen 1 und 2 Uhr nachts steigt sie auf das Doppelte, bei Regenwetter und Vollmond auf das 264fache des Normalwerts. Die Geisterstunde ist gar nicht um Mitternacht, ich kann es bezeugen. Sondern zwischen 1 und 3 Uhr. Bei Vollmond werden die meisten Leute ein bisschen verrückt. Tote besuchten mich allerdings in den Tagen zuvor und danach. Und der Regen? Ich hab einmal den amerikanischen Parapsychologieprofessor Hans Holzer danach gefragt. Er arbeitet sehr viel mit Medien. Gibt es Bedingungen, unter denen sie besser funktionieren? »Ja«, sagte er. »Wasser. An einem trockenen Tag funktioniert keines.«

Das ist interessant. Heute wissen wir schon, dass Wasser Informationen leiten und sogar verändern kann. Auf der ganzen Welt beschäftigen die Universitäten sich mit dem Thema. Natürlich, England! Dort wimmelt es geradezu von Gespenstern. Von Medien auch. Der Regen ist das Geheimnis, der Nebel. In Rindlberg war er so dicht, dass ich mich mit dem Briefträger, wenn er den Wiesenweg zu unserem Haus herunterkam, durch Rufen verständigte. Die Geister musste ich dort nicht rufen, sie kamen von selbst.

Wie das Max-Planck-Institut feststellte, steigert sich die Empfindlichkeit der radiästhetischen Wahrnehmung durch Wasser. Also nicht Wein! Ein Glas Wasser trinken, bevor man die Wünschelrute zur Hand nimmt, und dann los. Und wenn die Rute sich trotz kübelweise Wassertrinkens nicht rührt? Viele Jahre lang war das bei mir der Fall. Erst als ich unwissentlich auf zwei doppelt gekreuzten Adern schlief, wurde ich praktisch über Nacht zur Radiästhetin. Die Qualitäten des Raums zu erfühlen wäre allerdings, wie mir ein Hochfrequenztechniker versicherte, eine Krankheit. Er zog sie sich selbst immer wieder freiwillig zu, sobald seine Fühligkeit nachließ, indem er sein Bett auf eine Störzone stellte.

Das ist eine Entscheidung, die jeder selbst treffen muss. Entweder gut schlafen – oder etwas erleben. Beides kann man nicht haben.

Noch ein paar Ratschläge: Vorsicht mit Spiegeln im Schlafzimmer, sie reflektieren die Strahlen. Es sei denn, sie legen den Spiegel verkehrt unter Ihr Bett und schicken sie alle zurück in die Unterwelt.

Vorsicht auch bei der Kunst! Sie kann, wie wir schon wissen, äußerst schädigend sein. Da alles Information ausstrahlt, wirklich alles, muss man aufpassen, dass man keine Informationsvergiftung bekommt. Also einen Nitsch würde ich mir bestimmt nicht ins Schlafzimmer hängen.

Und beim gewerbsmäßigen Feng-Shui sollten Sie auch aufpassen. Das ist längst zum Geschäft verkommen wie die alte Weisheit der Mondkalender. Es ist wirklich gleichgültig, wann Sie Ihre Fenster putzen oder wohin Sie die Wäschetruhe stellen.

Es gibt die irdische und die himmlische Geomantie. Im Zustand der Gnade oder, um es physikalisch zu sagen, einer höheren Frequenz kann man die Meridiane der Energie wahrnehmen, das terrestrische Nervensystem. In ihm sind alle Heiligen Orte miteinander verbunden. Sagenumwobene alte Bäume und Kultstätten, unterirdische Quellen, Grabhügel und Steine. Von Geisterpfaden und Feenwegen redete man in der Vergangenheit, die nicht verging. In magischen Momenten leuchtet sie immer noch auf.

Auf einem seiner Streifzüge durch die alten irischen Heiligtümer erblickte der Dichter und Seher George Russel plötzlich »das Land mit den vielen Farben«, die ätherische Landschaft der Lichtadern. Diese Wirklichkeit, verriet er, ist nur ein Augenzwinkern vom normalen Schauen entfernt. Er wusste nun, das goldene Zeitalter ist überall um uns herum, auch wenn wir selbst blind dafür sind.

Ist dieses »Land mit den vielen Farben« vielleicht das Corpus subtile der Erde, ihr jenseitiger Lichtleib? Ich vermute es.

Sinn des Lebens, Sinn des Todes

Brauchen wir einen? Die Blume, die blüht, fragt nicht danach. Der Elefant, ob er sich im Schlamm wälzt oder trompetet, auch nicht. Nur wir suchen ihn überall. Finden wir keinen, werden wir womöglich krank. Viktor Frankl hat ihn, in der Nachfolge Jungs, sogar zum Fundament seiner Psychotherapie gemacht. Oder ist die eifrige Suche nach dem Sinn am Ende gar selbst die Krankheit?

Kann schon sein. Aber wir leiden nun einmal an ihr. Sogar, wenn wir Hypochonder sind, sollten wir uns um Heilung bemühen. Wahrscheinlich besteht sie in der Aufgabe zweier falscher Identifikationen, nämlich:

Wir sagen Ich zu eine Varianz von sechs Aminosäuren. Unser Sonnensystem, so die Astrophysiker, besteht aus Sonne, Jupiter – und kleinen Unreinheiten. Zu diesen kleinen Unreinheiten gehören auch wir. Oder vielmehr, unsere Körper. Wasser, Eiweiß, Kohlenhydrate, Fette und so fort. Als lebendige Zellen bilden sie eine große, frei bewegliche Kolonie, die sich Müller oder Meier nennt, lacht, weint und stirbt. Wer stirbt, weint und lacht?

Der Reiter auf seinem Pferd, so konnten wir es früher

verstehen. Die Seele ist der lachende oder weinende Reiter und der Leib ist sein Pferd. Heute finden wir uns am Steuer eines biologischen Automobils, in dem wir durch die materielle Wirklichkeit reisen. Wir haben allen Grund, unserem Gefährt, das fast schon ein Gefährte ist, dankbar zu sein. Es zu hüten, zu pflegen und fallweise reparieren zu lassen. Wenn es aber irgendwann kaputt ist, sollte man ohne großes Lamento aussteigen. Niemand hat das Recht die Türen von außen zu verriegeln! Nicht im Namen der Medizin und nicht im Namen der Liebe. Einen Körper, der sterben will am Leben zu erhalten, ist ebenso grausam wie dumm.

Der Leib ist das Theater, in dem wir spielen. Die Bühne, auf der wir auftreten. Mit der Zeit wird das Theater alt, baufällig, stürzt ein. Der Komödiant kann sich bis zum letzten Seufzer lebendig in ihm begraben lassen. Oder er tritt ab von der Bühne, verlässt das Theater mit einem Lächeln und geht. Wer lässt sich lebendig begraben, wer lächelt, wer geht?

»Ich!«, sagen wir. »Meine Persönlichkeit und Person.« Ach so? In der griechischen Tragödie war persona die Maske, die der Schauspieler trug. Die Maske, durch welche die Stimme hindurchtönte. Wessen Stimme tönt durch Ihre Maske hindurch?

Darauf gibt es ein paar Antworten und welche davon die richtige ist, wissen wir nicht. Doch können wir immerhin auf unserer Psyche bestehen. Wenn wir schon nicht identisch mit dem Körper sind, mit unserer Psyche sind wir es jedenfalls!

Wirklich? Psyche ist Griechisch und bedeutet die Gesamtheit bewusster und unbewusster seelischer Vorgänge sowie geistiger beziehungsweise intellektueller Funktionen. So weit der Duden, aber er definiert ungenau. Seele und Psyche haben so wenig miteinander zu tun wie Geist und Intellekt. Unsere Psyche ist, wie auch unser Intellekt, von der Kultur geprägt, in der wir gerade leben, also von Raum und Zeit. Die Seele gehört einer Welt jenseits von Raum und Zeit an und der Geist auch. Sie sind nicht die Produkte von Erziehung, Gewohnheit und Laune. Nicht die Produkte von Genen und Milieu.

»Ich ist ein Anderer«, sagt, ich glaube, Rimbaud. Nicht »Ich bin ein Anderer«, sondern »Ich *ist*« als äußerste Fremdheit. Dieser andere, den wir in kostbaren Momenten zwar ahnen, aber nicht kennen, ist unsere Seele. Nicht unser Geist! Für den Geist gibt es kein besitzanzeigendes Fürwort. Er ist der Sturm, der durch uns weht. Die Stille, in der wir plötzlich erschrecken. Geist ist jenseits von Raum, Zeit und Person. Jenseits des Menschen. Und die Seele?

Ich glaube, dass sie die Stimme ist, die manchmal durch unsere Maske tönt, die Person. Vorhin erzählte ich, dass ich in hypnagogen Zuständen von einer Stimme belehrt werde. Was sie sagt, ist jenseits meines eigenen Horizontes. Es ist, als käme ein Gott auf Besuch und ich staune.

Vernehmen wir diese Stimme, werden Sinn des Lebens wie des Todes zu leeren Vokabeln. Wir müssen nicht nach ihm suchen oder verzweifeln, weil wir ihn nirgendwo finden. Sein, Sinn und Seligkeit sind eins.

Und wenn die Stimme schweigt? Oder wir hören sie nicht und viele hören sie nie. Das ist wie Winter und Eiseskälte. Wir frieren und haben kein Haus. Also müssen wir uns eines bauen. Ein Haus, einen Sinn. Im Sommer, in der Seligkeit brauchen wir keines. Wir liegen in den Blumen oder Sternen und wissen, dass es zwischen beiden keinen Unterschied gibt. Im Winter gibt es nur Unterschiede. Die Welt ist ein zerbrochener Spiegel, in dem wir uns selbst nicht erkennen. Mein Leben, sagen wir, hat keinen Sinn. Und dann weinen wir oder gehen einkaufen. Wir machen Karriere, werden womöglich reich und schlagen die Zeit tot.

Aber es muss doch noch, denken wir, etwas anderes geben!?

Der metaphysische Laden

Wozu sind wir eigentlich auf der Welt? Hier bekommen wir die Antwort. Oder vielmehr die Antworten, denn der metaphysische Laden verfügt über ein wohl sortiertes Angebot. Das der Religionen lasse ich weg oder beschränke es vielmehr auf die guten Werke, die zu tun der Mensch aufgefordert wird. Mir gefällt am Buddhismus der Verzicht auf die Früchte solchen Handelns. Und das Jesus-Wort von der linken Hand, die nicht wissen soll, was die rechte tut. Gute Werke, meine ich, sollten einem passieren wie Schnupfen oder ein Glückslos in der Lotterie. Wenn man sie plant, sind sie schon ruiniert.

Liberalere Leute, in deren Fenster kein Gott mit der Rute steht, halten die Welt für eine einzige Schulbank. Wir sind da, sagen sie, um zu lernen. Alles Unglück, das ihnen widerfährt, ist Lernstoff. Besteht man die Prüfung, steigt man in die nächste Klasse auf. Der Sinn des Lebens scheint ein guter Schulabschluss zu sein. Und natürlich gibt es verschiedene Schultypen oder Leben. In einem einzigen kann man unmöglich alles lernen, darum kommen wir immer wieder, bis ... Ja, bis was?

Das ist eine sehr nützliche Auffassung der Reinkarnation und mit der Lehre vom Karma stimmt sie auch überein. Bist du brav, kriegst du nächstes Mal eine bessere und wenn du schlimm bist, eine schlechtere Biografie. Lohn und Strafe gibt es also nicht erst, wie das Christentum uns glauben macht, im Jenseits. Nein, schon im Diesseits! Allerdings im jeweils nächsten Diesseits und hat man ein schlimmes, ist man selbst schuld. Keiner entgeht der Gerechtigkeit und insofern ist die Welt ganz in Ordnung.

Wenn ich mich recht erinnere, schreibt Gabriel Marcel in seinen Tagebüchern, das Karma wäre kein Ackergaul. Vielmehr wäre es ein wild querfeldein galoppierendes Pferd. Ich habe einmal eine große Fotografie dieses französischen Existenzialphilosophen gesehen und mich überraschte sein schönes bäuerliches Gesicht. Es gibt von ihm noch ein letztes, unveröffentlichtes Werk. Er hat es gemeinsam mit seinem Freund Hado Fischer Barnicoll geschrieben. Man könnte es in dessen Nachlass finden, in Heidelberg, bei einem der beiden Söhne. Das ist ein Hinweis und ich werfe ihn wie eine Flaschenpost ins Meer. Vielleicht kommt sie an.

Dionysius Areopagita schreibt über die Hierarchie der Engel. Ich glaube an eine Hierarchie der Erleuchtung, das ist praktisch dasselbe. Auf jeder Stufe dieser Hierarchie zeigt die Wahrheit ein anderes Gesicht. Auf den unteren Stufen begegnen wir dem Ackergaul und der Schule. Auf den mittleren ist es das wilde Pferd und die unwissende

Hand. Wie die Wahrheit uns auf den hohen begegnet, kann ich Ihnen leider nicht sagen. Ich habe sie noch nicht erreicht. Und natürlich könnte es sein, dass sie uns überhaupt nicht mehr begegnet, weil sie nur eine Kategorie unseres Verstandes ist und nirgendwo sonst existiert.

Also lassen wir den Rollbalken herunter? Schließen wir den metaphysischen Laden und hören auf nach dem menschlichen Sinn und Unsinn zu fragen? Der Baum der Erkenntnis von Gut und Böse trägt in jeder Kultur andere Früchte. Es gibt keinen absoluten Apfel. Kein Gott vertreibt uns aus dem Paradies, da es weder den Einen noch das andere gibt. Wirklich nicht?

Das Gelächter der Erleuchtung

Wäre es nicht schrecklich alles zu wissen? Auf jede Frage eine Antwort zu haben und jede Antwort ist eine geschlossene Tür. Es sind immer die Fragen, welche die Fenster öffnen, die Türen, uns selbst.

Das wichtigste Zeichen ist das Fragezeichen. Nicht von Antwort zu Antwort! Wir wachsen von Frage zu Frage. »Anything goes«, sagt mein Lieblingsphilosoph Paul Feyerabend. Alles ist möglich.

Misstrauen Sie Systemen! Gleichgültig, ob sie religiös oder politisch sind. Auch den philosophischen, den wissenschaftlichen, einfach allen. Freiheit bedeutet in keinem System gefangen zu sein.

Auch in keiner Identität, obwohl wir sie für die unsere halten. Irrtümlich, denn wann wären wir je gleich mit uns selbst geblieben? Wir stimmen nicht einmal mit uns überein. Jedes Ich ist so unbeständig wie das Wetter. Jedes Ich wird in wechselnden Zuständen erfahren. Und jedes Ich ist von der Kultur, der Gesellschaft, in der es auftaucht, programmiert.

Kann man aus einem Programm ausbrechen? Kann man andere Identitäten erlernen? Das glaube ich schon.

Identitäten sind Rollen, die wir spielen. Warum sollen wir uns mit einer einzigen begnügen? Kein Theaterdirektor würde einem Komödianten zumuten, immer nur den Lear oder das Gretchen zu spielen und sonst nichts.

Eines Nachts, auf dem Heimweg von einem Fest, redete ich mit meinem toten Mann. »Du redest«, sagte er, »mit einer Rolle.« Ich war so überrascht, dass ich unter einer Laterne stehen blieb und es aufschrieb.

Der Leib ist die Bühne, die Psyche der Komödiant und die Seele wahrscheinlich der Theaterdirektor, der die Spielpläne macht und die Rollen besetzt. Der Vorhang geht auf und die Vorstellung läuft. »Die Welt«, so der Titel von Schopenhauers Hauptwerk, »als Wille und Vorstellung«.

Alles Theater, alles Vorstellung! »Tutto il mondo«, komponiert Verdi im Falstaff, »e burla!« Nur ein Scherz, eine Posse. Die Welt ist gar nicht wirklich, die Welt ist nicht wahr. Und wenn ich das viele Elend rundherum sehe, die Pflanzen-, Tier- und Menschentragödien, denke ich: »Hoffentlich!« Und manchmal denke ich auch: »Hoffentlich bin ich nicht wahr!«

Etwas Ähnliches denken Buddha und die anderen Weisen des Ostens. Gib deine Vorstellungen auf, das Nirwana ist hinter der Bühne! Ist es der Sinn des Lebens hinter seine Bühne zu gelangen? Die Mystiker streben danach. Oder wäre es besser zugleich auf und hinter der Bühne zu sein? Aus der Welt, in der Welt, beides!

Buddha predigte zur gleichen Zeit: »Die Welt ist ewig, die Welt ist nicht ewig; die Welt ist endlich, die Welt ist unendlich; Seele und Leib sind identisch, sie sind nicht identisch; der Arhat (Heiliger, Weiser, Buddha) lebt nach dem Tode fort, der Arhat lebt nach dem Tode nicht fort; er lebt fort, er lebt nicht fort nach dem Tode; weder lebt er, noch lebt er nicht ...«

Die Logik des Paradoxons ist mir näher und vertrauter als die des Aristoteles. Es ist auch die Logik, in der manchmal Tote sprechen. Teil und Gegenteil sind, so empfinde ich es, eine Einheit. Doch sind Sie nicht im Unrecht, wenn Sie mir widersprechen.

»Da alles nur eine Erscheinung ist ...«, sagt ein tibetischer Lehrer, »und nichts zu tun hat mit Gut oder Böse, mit Annahme oder Ablehnung, kann man wohl in Gelächter ausbrechen.«

Solang man es noch nicht kann, spielt man Theater und weint sich das Herz aus dem Leib.

Das Buch des Lebens

Es ist gar nicht leicht, es zu buchstabieren. Denn es hat so viele Kapitel und jedes Kapitel hat wiederum so viele Seiten. Da ergeht es uns allen wie mir bei dem Kriminalroman, den ich im Bett lese. Über Nacht vergesse ich glatt die Handlung. Erinnere mich am nächsten Abend nicht mehr, wer der Mörder, wer der Ermordete und wer überhaupt wer ist? Also fange ich wieder von vorn an. Ich könnte den Rest meines Lebens einen einzigen, nämlich denselben Krimi lesen und wäre immer wieder von neuem überrascht. Wie wir alle, sobald wir das nächste Mal auf die Welt kommen.

Wie oft wird der Mensch geboren? So oft er stirbt natürlich. Sobald Sie aufhören zu sterben, müssen Sie sich dieser Anstrengung nicht länger unterziehen. Geboren zu werden, ist kaum ein Vergnügen! Sondern Mühsal und Arbeit, genau wie das Sterben. Beides können wir nur verhindern, indem wir die Grenzen unserer Person öffnen, aus unserer Identität fließen wie der Bach aus seinem Bett. Oder uns selbst, wie der Geist der Flasche, entweichen.

Da nicht die geringste Aussicht besteht, dass Sie oder ich dies in den nächsten paar tausend Jahren erlernen, wenden wir uns erwartungsvoll unseren zahlreichen Wiedergeburten zu. Neuen Rollen, neuen Spielen, neuen Identitäten. Oder sind Sie zu aufgeklärt um daran zu glauben?

Nun, die meisten großen Kulturen taten es oder tun es noch immer und die kleineren auch. Sogar das frühe Christentum! Erst seit dem Konzil von Konstantinopel 553 hat die römische Kirche alle Anhänger dieser einleuchtenden Lehre verflucht. Zu den auch posthum Verfluchten gehören Pythagoras und Voltaire, Charles Darwin, Plato, Vergil, der heilige Franz von Assisi, Origines, Giordano Bruno, Dante, Spinoza, Friedrich der Große, Lessing, Shakespeare, Schiller, Goethe, Nietzsche, Schopenhauer, Kant und so weiter.

Kurt Gödel, der größte Logiker seit Aristoteles, hat unsere immer während Wiederkehr wahrscheinlich mathematisch bewiesen. Doch kehren wir in Variationen wieder, andernfalls wäre es unerträglich.

Wer oder was kehrt wieder? Nach tibetischer Vorstellung der Alleswisser in Person. Eine mit dem materiellen Körper zwar verbundene, aber nicht von ihm abhängige Wesenheit, die sich beim Tod von ihm trennt. Der Alleswisser wandert aus und zieht in einen neuen Körper ein. Keinen fremden Körper, er erschafft ihn nämlich selbst. Und im Lauf seiner Inkarnationen verändert er ihn immer wieder. Unwissende sprechen von Belohnung und Strafe. Endgültig ist kein Schicksal und die Leben des Alleswissers können stark voneinander abweichen. Man stirbt in Höllen und man stirbt in Paradiesen.

Stirbt man überhaupt? In Japan sagt man: »Mein Herr Großvater hat Sterben gespielt.« Oder mein Kind, meine Braut, wer auch immer. Dafür liebe ich die japanische Sprache!

Das Drama des Lebens ist eine Commedia dell'Arte. Das Szenario steht fest, aber jeder Spieler kann die Handlung verändern. Die Rollen, vermute ich, gibt es schon alle. Wir treten in sie ein und spielend verbessern wir sie. Nicht die Welt! Das ist ein Irrtum. Aber eine Rolle können wir schöner gestalten, freundlicher. So übernimmt sie der nächste Komödiant. Warum laufen Romeo und Julia nicht ihren blöden Familien davon? Und Claire Zachanassian spart sich eine Menge Geld, wenn sie Ill verzeiht. Oder den Karneval in Rio statt Güllen besucht. Vielleicht ist das der freie Wille? Dass man seine Rolle mit Nachsicht und Humor relativiert.

Früher glaubten wir, dass unsere vielen Leben sich in der Zeit aneinander reihen wie Perlen auf einer Schnur. Dann kam Einstein und stürzte die Zeit von ihrem Thron. Wohin fallen die Perlen jetzt ohne Schnur? Darauf gibt es ein paar Antworten. Eine davon stammt vom unvergleichlichen Jörg Mauthe, der als erster Jenseitiger zu mir sprach. »Eine Seele sendet nach allen Richtungen Leiber aus wie die Sonne Strahlen.« Und Gottfried von Einem unmittelbar nach seinem Tod: »Ich bin hoch in einer Sonne.«

Wir bilden uns ein, der Leib hätte eine Seele. Dabei ist es genau umgekehrt! Die Seele hat einen Leib. Wieso einen? Sie hat so viele wie die Sonne Strahlen. Und wie die Strahlen der Sonne, erlöschen die Leiber der Seele. Aber Seele und Sonne erlöschen nicht.

Das gleichzeitige Aufleuchten der Leiber stimmt mit den Erkenntnissen der neuen Physik überein, derzufolge es keine lineare Zeit gibt. Kant hat es, wie beim Raum, auch schon gewusst. Wir werden also nicht wieder geboren, wir sind schon da! Existieren bereits jetzt in mehreren Biografien. ICH scheint ein Plural zu sein. Die Viele-Welten-Theorie Hugh Everetts gibt faszinierende Auskünfte darüber und die Physiker nehmen sie zunehmend ernst. Ich komme auf seine parallelen Universen zurück, sie werden Ihnen gefallen.

Warum nicht gleich? Ich schneide ein Thema an und lasse es fallen. Aber ist nicht jedes Thema eine farbige Schnur? Ich schlinge sie durch die Muster des Teppichs und in jedem schimmert sie ein wenig anders. Auch ein musikalisches Motiv erfreut bei seiner Wiederkehr in vielen Klangteppichen. Ich kann es außerdem gar nicht anders, ich bin nun einmal keine Systematikerin.

Aus der Literatur wie auch persönlichen Berichten kenne ich viele Beispiele, die kaum eine andere Deutung zulassen. Universitätsprofessoren betätigen sich längst als Reinkarnations-Detektive. Mit Erfolg! Trotzdem könnten die Erinnerungen an vergangene Leben, also gespeicherte Information, auch durch Telepathie entstehen. Ich weiß, dass wir mit den Gedanken und Gefühlen Lebender wie Toter kommunizieren. Unabhängig von Raum und Zeit. Ich habe es selbst immer wieder erfahren. Auch mit Fremden. Egal, ob sie gerade lebendig sind oder längst tot.

Wir haben ein gemeinsames Nervensystem. Existieren in einem gemeinsamen Bewusstsein, in dem die Grenzen von Ich und Du künstlich gezogen werden. Es gibt kein Ich und kein Du.

Der zweite Tod

Es könnte sein, dass nicht alle ihn sterben. Zwischen dem ersten und zweiten Tod steht der Mensch. Er muss sich, um in ihn einzugehen, selbst aufgeben. Im ersten Tod trennen wir uns von der Materie, im zweiten von der eigenen Person. Der zweite Tod ist die Erlösung. Es könnte sein, dass nicht alle erlöst werden.

Wer sich gegen den zweiten Tod wehrt, bewahrt seine Identität. Bleibt er selbst und kann darum nichts anderes sein. Er bleibt im Zwischenreich, wird wieder geboren, kehrt ins Zwischenreich zurück.

Also gibt es Wiedergeburt? Ja und nein. Wir wissen schon: »Eine Seele sendet nach allen Richtungen Leiber aus wie die Sonne Strahlen.« Mein lieber alter Freund Mauthe, der mich belehrte. Nicht als schauerliches Gespenst. Zwei Bewusstseinsfelder, ein dies- und ein jenseitiges, verschmelzen. Die Trennung von Ich und Du ist vorübergehend aufgehoben. Information fließt frei.

»Hilf mir den zweiten Tod zu sterben«, bat Mauthe. »Nenne mich nicht mehr bei meinem alten Namen. Löse in deinem Bewusstsein meine zeitliche Anatomie, meinen Informationsleib auf!« Also die historische Person.

Und mein Mann Gottfried posthum: »Du musst mich vergessen um dich an mich zu erinnern. Ich bin nicht mehr Herr von Einem!« ... »Such mich nicht in der Vergangenheit. In der Vergangenheit bin ich unberührbar für dich geworden.« Und immer wieder: »Suche mich in der Zukunft!« Jenseits der Zeit, meinte er wohl. Jahre später, triumphierend: »Ich bin kein Mensch mehr.«

Wir müssen diesen zweiten Tod nicht sterben, niemand zwingt uns dazu. Wir können auch die bleiben, die wir waren. Dann sind wir halt Gespenster. Tote Personen, die ihre alten Rollen weiterspielen. Aber auf der Bühne läuft längst ein neues Stück. Mit einer ganz anderen Handlung.

Was sagt Goethe dazu? »Und solang du das nicht hast / Dieses stirb und werde / Bist du nur ein trüber Gast / Auf der dunklen Erde.« Um zu leben, müssen wir fortwährend sterben. Auf und unter der Erde, denn es geht alles weiter. Das Leben ist ein Prozess, der Tod auch. Was gibt es Schöneres, als sich zu verwandeln? Von der Puppe in die Raupe, von der Raupe in den Schmetterling und der Schmetterling ist noch lang nicht das Ende!

Es gibt mehr als nur eine Erde und es gibt viele Himmel. In alle werden wir fliegen, sobald wir uns an unsere Flügel erinnern. Sobald wir aufhören uns selbst und die Welt zu wiederholen. Sobald wir uns endlich vergessen um unendlich zu sein.

Die Masken der Ewigkeit

So nennt Joseph Campbell unsere Himmel und Höllen. Die Bilder, die wir uns vom Jenseits machen, von Göttern und Gott. Bilder der Seele. Sie ist der Brunnen, aus dem das Schöne wie das Schreckliche steigt. Alle Dämonen und Engel. Für den großen Mythologen sind Mythen der Gesang des Weltalls, die Musik der Sphären.

Glauben Sie nicht, wir wären den Liedern und Tänzen der Mythen entwachsen! Die Fahrt des Helden, die Reise der Jungfrau ist nicht zu Ende. Noch immer kämpfen sie mit dem Drachen, auch wenn er als Direktor oder Diktator auftritt und Terror das Feuer ist, das er speit. Noch immer bestehen sie Abenteuer mit Hexen, Zauberern und sprechenden Tieren. Nur sitzen die Zauberer jetzt in der Wallstreet, die Hexen haben sich in Konzerne und die sprechenden Tiere in Computer verwandelt. Aber sind wir, ob Held oder Jungfrau, nicht alle verwunschen? Und warten sehnsüchtig auf den Prinzen, der uns endlich erlöst. Leider sind die Prinzen heutzutage Politiker und statt des Zauberworts haben sie Programme. Wann hätte uns je ein Programm, egal ob weltlich oder geistlich, erlöst?

Auf der Suche nach dem verborgenen Schatz, der eigenen Seele, setzen wir die Große Fahrt fort. Die magische Reise ins Jenseitsland. Sie führt durch die geheimnisvolle Dämmerung der Zwischenwelt, in der wir Geistern und Göttern begegnen, Ungeheuern, Fabeltieren und singenden Bäumen. Verwechseln wir die Zwischenwelt nicht mit den Phantasmagorien der Drogen! Das sind künstliche Höllen und Paradiese. Sie haben ihre Wurzeln nicht in unserer Seele, sondern fast immer in chemischen Laboratorien.

Es gibt mythische und es gibt chemische Abenteuer. Den Traum und die Illusion. Der Traum ist die andere Seite der Wirklichkeit und wir können die eine nicht von der anderen trennen. Jede Kultur, die das versucht, wird so steril wie unsere eigene, seit wir dem abergläubischen Dogma des Materialismus verfielen. Dabei gibt es gar keine Materie! Geist ist auch kein Stoffwechselprodukt des Gehirns. Trotzdem ist der Positivismus, diese tragische Verengung des Bewusstseins, noch immer Staatsreligion.

Wir können unser Bewusstsein nicht durch Drogen erweitern, so leicht geht das nicht. Dazu müssen wir schon dieses unselige Weltbild verändern, das uns in die Grenzen von Konkurrenz und Konsum verweist. Sind wir auf der Welt um Wirtschaft zu treiben? Wir sind auf der Welt um zu wachsen, zu träumen, zu lieben. Um zu erkennen, dass auch wir nur Masken der Ewigkeit sind. Haben wir es erkannt, fallen die Masken, geht die Wirklichkeit strahlend in uns auf wie eine unendliche Sonne.

Wir sind auf der Reise zum Wasser des Lebens, das zugleich das Wasser des Todes ist. Erst beide zusammen sind das Wunder des Seins. Aber versuchen Sie nicht, die Reise, weil das Ziel so schön ist, zu verkürzen. Selbstmord verlängert die Reise. Der Himmel fällt uns weder auf den Kopf noch in den Schoß. Erleuchtung ist kein Geschenk. Um sie zu erlangen, müssen wir uns schon sehr nach ihr sehnen. Müssen wir uns schon lang auf sie freuen. Und vor allem neugierig, neugierig, neugierig bleiben!

In der Kutsche durch den Kosmos

Eine der Masken, die das leuchtend leere Gesicht der Ewigkeit vor uns verhüllt, ist die Zeit. Die bunte Weltgeschichte mit ihren Kriegen und Gräueln ist nur eine Maske, die fallen kann, und plötzlich gibt es nichts mehr und hat nie etwas gegeben.

Ich habe von Jugend an nicht an Geschichte geglaubt. Ich ahnte wohl damals schon ihre wie auch unsere eigene Nichtexistenz. Diese Ahnung lässt die Maske ein wenig verrutschen wie die von Krampus und Nikolo, hinter der man enttäuscht die eigenen Großeltern erkennt. Aber da sind keine Großeltern, da ist überhaupt nichts. Erschrocken zwinkert man und alles ist wieder da. Sonne und Mond. Die Erde mit ihren Schrecken und Freuden. Erleichtert tritt man abermals ins Maskenspiel ein.

Bitte vergessen Sie nicht dieses kleine Zwinkern, wenn wir gemeinsam feststellen, dass ein neues Zeitalter begonnen hat. In Wahrheit hat gar nichts begonnen und nichts ging zu Ende. Weil wir aber der Ewigkeit noch nicht gewachsen sind, tun wir so, als gäbe es Zeit. Und erkennen, dass sie Bruchlinien hat. Dass Zeitschollen sich wie Erdschollen aneinander reiben. Dass es nicht nur Erd-, sondern auch Zeitbeben gibt und wir leben gerade in einem.

Als das Beben begann, war ich gerade mit Gottfried in Berlin. Wie gewöhnlich, wohnten wir bei Boris Blacher in Zehlendorf. Es war Nachmittag. Blacher, eine Art Einstein unter den Komponisten, trank Whisky am erloschenen Kamin. Seine Frau, die Pianistin Gerty Herzog, übte am Klavier. Kolja Blacher, der jüngste Sohn und heute Konzertmeister der Berliner Philharmoniker, kratzte die Geige und sang unermüdlich vor meiner Tür: »Olla, olla, Baller, die Lotte hat 'nen Knaller.« Was möglicherweise stimmte und stimmt. Gottfried war, wie jedes Mal, von seiner Berliner Vergangenheit verschluckt. Ich stand am Fenster und schaute auf die Kaunstraße. Und auf einmal hatte ich die Idee für eine Komödie.

Zwei Geister erscheinen im selben Haus. Ein Geist kommt aus der Vergangenheit und der andere aus der Zukunft. Also ein Cyberspace- und ein Biedermeier-Gespenst. Als sie einander an Blachers Kamin begegnen, fürchten sie sich. Denn jedes hält sich selbst für real und das andere für einen Spuk.

Ich weiß nicht mehr, wie es weiterging, denn ich habe diese Komödie nie geschrieben. Leben wir sie nicht alle ein bisschen? Manchmal fühle ich mich als Doppelgespenst. Mit einem Lehrbuch der Quantenphysik im Ridikül, fahre ich in der Kutsche durch den Weltraum und fürchte mich sehr.

Die Welt fällt aus dem Bild

Nicht nur die Erdpole verschieben sich. Alle anderen auch. Jahrtausendealte Gegensätze lösen sich in den Weltbildern der neuen Wissenschaft auf. Die Grenzen zwischen Raum und Zeit, Traum und Wirklichkeit, Leben und Tod fallen. Logik und Kausalität verlieren zunehmend an Geltung. Teil und Gegenteil werden als komplementär und, in der größeren Einheit, identisch erkannt.

Es gibt keine objektive Welt. Aber es gibt eine Majorität subjektiver Welten, die wir für die Wirklichkeit halten. Was wir an Wirklichkeit wahrnehmen – und wir wissen, das ist sehr wenig –, hängt vom Standort ab, den wir jeweils auf der Skala des Bewusstseins einnehmen.

Zeit ist nicht linear, Raum ist nicht homogen. Es gibt die in verschiedenen Erdteilen lebenden Raumrassen. Sie sind weiß, schwarz, rot und gelb. Es gibt auch die in verschiedenen Epochen lebenden Zeitrassen. Und bei beiden gibt es Rassismus. Besonders, wenn ein Farbiger unter Weißen oder ein Zukünftiger unter Vergangenen lebt.

Ein Problem sind die räumlichen und zeitlichen Mischrassen. Das letzte Drittel des 20. und das erste des 21. Jahrhunderts sind die akute Problemzone der Vor- und Rückläufer. Des Angriffs und der Verteidigung. Wir sind mitten im Krieg.

In Chaos und Nebel lösen sich die alten Ordnungen auf. Den Kompass und die Landkarten von gestern gibt es heute nicht mehr. Wir haben den festen Boden unter den Füßen, den Himmel über dem Kopf, wir haben unser Weltbild verloren.

Die Welt ist aus dem Bild gefallen, das wir uns von ihr machten. Aber das ist gut! Jetzt müssen wir eine neue Seite im Weltbilderbuch aufschlagen, es bleibt uns gar nichts anderes übrig. Und auch diese Seite wird nicht die letzte sein. Ein gutes Buch wird von Seite zu Seite spannender und wir können das Ende nicht erraten.

Lassen wir uns überraschen!

Der dritte Baum

Er steht direkt vor dem Paradies, dem Garten der Seele, aus dem uns die Erkenntnis von Gut und Böse vertrieb. »Richtet nicht!«, sagt Jesus. Und Boris Blacher, den wir gerade am Kamin verlassen haben: »Man soll keine Zensuren verteilen.« Können wir die Grenze zwischen Gut und Böse vergessen?

Nein, Sie werden es nicht können und ich kann es auch nicht. Aber Güte und Grausamkeit sind, wie wir selbst, bunte Blumen auf einer Wiese. Wellen in einem einzigen Meer. Das Gute blüht und verblüht wie das Böse und die Welle hat keinen Namen im Meer. Der Weise lächelt über beide.

Ein Jammer, dass wir noch nicht weise sind. Aber den dritten Baum sollten wir fällen! Der dritte Baum versperrt uns die Rückkehr ins Paradies. Der dritte Baum ist die Zeit.

Ich glaube, wir überwinden sie in diesem Jahrhundert. Wir verändern uns jetzt Schwindel erregend schnell. Aber noch haben wir unsere Wurzeln in der Zeit so wie die Pflanze ihre im Raum. Im Raum sind wir frei beweglich geworden. Auf der Erde, dem Mond und schön langsam im ganzen Kosmos. Die freie Bewegung in der Zeit müssen wir erst erlernen. Spätestens tun wir das, wenn wir gestorben sind. In der Physik des Jenseits sind alle Zeiten eine einzige Zeit.

»Was geschieht«, sagt der Prediger Salomon, »das ist zuvor geschehen, und was geschehen wird, ist auch zuvor geschehen und Gott sucht, was vergangen, wieder auf.«

Salomon spricht von der Gleichzeitigkeit der Zeit, die sich für Gott nicht mehr in Zukunft und Vergangenheit trennen lässt. Für Gottfried auch nicht. »Tote, Lebende, Zukünftige – alles ist gegenwärtig«, lässt er mich wissen. Später verrate ich Ihnen mehr von dieser jenseitigen Zeitphysik. Doch lassen Sie mich zuerst mit der diesseitigen beginnen, zum Beispiel mit dem berühmten Zitat des heiligen Augustin:

»Was also ist die Zeit? Wenn mich niemand darüber fragt, weiß ich es; wenn ich es aber jemandem auf seine Frage erklären möchte, weiß ich es nicht.«

Ich würde an Stelle des Heiligen antworten, dass Zeit eine Ereignis-Landschaft ist, in der wir wandern. Auf vielen Wegen, mit verschiedenen Geschwindigkeiten. In Gruppen, das sind die Zeitgenossen. Oder allein wie alle Vorläufer und Nachzügler.

»Es ist unmöglich«, sagt Heraklit, »zweimal in denselben Fluss zu steigen.« Denn weder das Wasser noch wir sind dann noch dieselben. Wirklich nicht?

Wie das Kaninchen auf die Schlange, starren wir gebannt auf den alles verschlingenden Zeitpfeil. Wer hat den Bogen gespannt, wo ist sein Ziel, und fliegt er immer in dieselbe Richtung?

Für Heraklit schon. Für Parmenides, Vorsokratiker beide, ist sie ein Kreis. Die Welt entsteht nicht, sondern *ist* und alles läuft wieder in sich zurück. Die Welt als Prozess lehnt er und somit auch die Evolution, ab. »Wie könnte Seiendes zu Grunde gehen, wie könnte es entstehen?« Das Seiende ist unveränderlich für ihn. Es vergeht nicht, entsteht nicht, teilt sich nicht, ist eins. Und nur auf dieses eine kann unser Denken sich richten. Zeit und Welt stehen still.

Interessant, dass fast zweieinhalbtausend Jahre später Stephen Hawking ähnlich denkt. Das Universum wurde weder erschaffen noch vernichtet – es ist einfach!

Manchen Kulturen erschien die Zeit als Kreis, in den man ein- und aus dem man austreten kann. Mit der Geburt tritt man ein und mit dem Tod aus. Doch auch Mystikern und Schamanen kann sich der Kreis öffnen.

Mir ist das Stillstehen der Welt schon passiert, wenn auch nicht oft. Ich habe jedes Mal mit Entsetzen darauf reagiert. Mit Panik und Grauen. Warum, weiß ich nicht. Offenbar sind wir auf Bewegung programmiert. Auf Zeit und Vergänglichkeit. Geraten wir in ein anderes Programm, blockiert Angst unseren Aufenthalt und schleunigst kehren wir ins alte Fenster zurück.

Dabei ist die Zeit nicht linear. Kein Fluss, der von der Quelle ins Meer fließt, es könnte auch umgekehrt sein. Ihre einzige Richtung, nämlich von der Vergangenheit in die Zukunft, ist eine Konvention abendländischen Denkens.

Heraklits Werden und Vergehen beschreibt das Diesseits, in dem wir, uns beständig verwandelnd, leben. Das Sein des Parmenides ist, so kommt es mir vor, auf das Jenseits bezogen.

Die Doppelnatur der Zeit, entspricht sie nicht unserer eigenen Doppelnatur? Wir sind nicht nur Werdende und Vergehende. Nicht nur zeitliche Wesen. Wir sind auch Seiende! Ohne Anfang und Ende. Tot und lebendig, dies- und jenseitig und beides zugleich.

Vergessen Sie alles, was Sie jemals gelernt haben und glaubten. Löschen Sie ein paar Minuten lang die Spur Ihres Denkens. Machen Sie Ihren Kopf leer. Die Welt ist noch nicht erschaffen. Sie selbst haben keinen Namen, kein Gesicht, keine Grenzen. Versuchen Sie es! »Anything goes.«

Wie alles in unserer Welt – oder unserer Vorstellung, da es sein könnte, dass sie nur als solche existiert – ist auch die Zeit ein Paradoxon. Entropie – also der Verlust an Ordnung, denken Sie an Ihr Zimmer! – macht die Zeit irreversibel. Sie ist nicht umkehrbar. Energie fließt in der Zeitrichtung. Ihr Zimmer räumt sich nicht selbst auf. Das ganze Universum geht von einem geordneten in einen ungeordneten Zustand über und wir auch. Die Entropie in menschlichen, tierischen und pflanzlichen Organismen nennen wir Krankheit und Alter.

Fließt Energie wirklich immer bergab? Wir können ruhig neue Zeittheorien erfinden und neue Theorien der Wirklichkeit. Keine wird richtig sein und keine falsch. Wir wissen schon, alle Wissenschaftler von Rang sind Poeten. Bewundern wir ihre Flügel, die sie von Erkenntnis zu Erkenntnis tragen. Ließen sie sich auf einer letzten nieder, wäre das schöne Spiel vorbei und wir würden vielleicht traurig sein.

Einstein hat der absoluten Zeit den Garaus gemacht. Seither ist sie nur relativ und wenn sie sich ausdehnt, schrumpft der Raum. Überhaupt sind Zeit und Raum nur in unserer Wahrnehmung voneinander getrennt, während die Welt der Physik ein vierdimensionales Kontinuum ist. Also weder Raum noch Zeit, sondern eine Schattenwelt subjektiver Illusionen.

Wie Wahrheit und Wirklichkeit, gibt es auch Zeit nur im Plural. Systeme haben ihre eigenen Zeiten, die Übergänge sind nicht kontinuierlich und man kann ein Ereignis nicht mehr von seiner Zeit trennen.

Ich erinnere mich an einen Abend mit Fritz Wotruba, dem gewaltigen, stets ein bisschen rabiaten Bildhauer. Willi Keyserling sprach über das uns alle bedrohende Alter. »Was fürchtest du dich vor der Zeit?«, brauste Wotruba auf. »Du selbst bist die Zeit!«

Machen wir uns vertraut damit, dass wir lebendige, bewusste und potenziell chaotische Systeme sind. Wann so ein System tatsächlich ins Chaos übergeht, wir also selbst chaotisch werden, lässt sich nicht voraussagen.

Alles löst sich im Chaos auf, um sich in einer neuen Ordnung zu stabilisieren. Und genau das passiert gerade mit unserer Welt, die ja auch ein System ist. Woher sollen die armen Politiker wissen, was man da macht? Wir überfordern sie hoffnungslos, wenn wir einen staatsmännisch geschickten Umgang mit dem Chaos von ihnen erwarten. Die neue Ordnung wird sowieso nicht von ihnen gesteuert.

Gemütlich ist der Sprung durchs Chaos auf die nächste Zeitstufe nicht. Wir müssen unser altes Gleichgewicht verlieren um ein neues zu finden. Aber wird nicht jedes Gleichgewicht langweilig? Je weiter wir uns von ihm entfernen, umso lebendiger werden wir. Schicksal – und Schicksale sind fast immer schmerzhaft – ist dabei die treibende Kraft.

Der Big-Bang-Mythos

Elektrische Muster im Gehirn simulieren eine Zeitfolge der Ereignisse, die mit der Wirklichkeit wahrscheinlich nicht das Geringste zu tun hat. Aber unser Verstand kann sich nun einmal alles, was geschieht, nur von einem Ursprung her vorstellen. So entstanden die Ursprungsmythen der Menschheit.

Fast jede Kultur hat eigene. Der babylonisch-jüdische steht in der Bibel:

»Am Anfang schuf Gott Himmel und Erde. Und die Erde war wüst und leer, und es war finster auf der Tiefe und der Geist Gottes schwebte auf dem Wasser. Und Gott sprach: ›Es werde Licht!‹ Und es ward Licht. Und Gott sah, dass das Licht gut war. Da schied Gott das Licht von der Finsternis und nannte das Licht Tag und die Finsternis Nacht.«

Merken Sie? Unser Bibelgott war der erste Dualist. Kaum hat er die Welt gemacht, spaltet er sie auch schon in zwei gegensätzliche Teile. Ob das gut war? Oder der Anfang von Kriegen und Hass. Von Liebe natürlich auch, obwohl …

In der Physik des Jenseits ist Liebe nicht auf das andere – oder gleiche – Geschlecht gerichtet. Sie ist überhaupt nicht gerichtet und kein Gefühl, sondern ein Zustand.

Unser gegenwärtiger Mythos ist der Big Bang. Als der Urknall passierte, gab es nur einen einzigen Zustand, die Singularität. In ihr kann man weder zwischen Materie und Energie noch deren Zuständen unterscheiden. Die Singularität ist vollkommen symmetrisch und nahezu unendlich klein, obwohl sie den ganzen Kosmos enthält.

Seit jener Urexplosion gibt es Zeit, und das Universum dehnt sich aus. Immer weiter, es fliegt nur so auseinander. Wohin, wissen wir nicht.

Ein Mythos wie alle anderen. Trotz angeblicher Beweise wie Rotverschiebung entfernter Galaxien und Hintergrundstrahlung. Der Big-Bang-Mythos erzählt, dass unser Universum vor rund 15 Milliarden Jahren durch eine riesige Explosion begonnen hat und sich seither in der Zeit strukturiert. Es wird immer komplexer, immer erstaunlicher, immer schöner.

Erinnert der Urknall und seine Folgen nicht an die Biografie jedes lebendigen Wesens? Sollte es sich dabei womöglich um eine Geburt handeln? Noch dazu um eine wunderbare. Jungfräulich, obwohl auch die Jungfrau fehlt. Keine Spur von kosmischem Samen und Ur-Ei. Keine Spur auch von brünstigen Göttern und Göttinnen wie in den Mythen anderer Kulturen. Ein winziges Lebewesen ist, scheinbar grundlos und ganz von selbst, plötzlich da.

»Er hat einen Stoßzahn und vier Arme ...
Auf seiner Schwanzfeder ist eine Maus zu sehen.
Er hat rote, fleischige Ohren wie Worfelkörbe.
Er ist rot gekleidet; seine Beine sind mit Sandelholzsaft bemalt.
Mit roten Blüten wird ihm gehuldigt ...«

So schaut das göttliche Kind in den Upanischaden aus, die zu den Veden gehören, den ältesten heiligen Schriften der Inder. Unser Big-Bang-Baby gleicht eher einem Kugerlpunkt mit kleiner Ausbuchtung. Der Nabelschnur ins Unsichtbare? Jedenfalls wächst es rasant und entwickelt sich fabelhaft. Irgendwann, damit haben wir uns schon abgefunden, wird es sterben, das ist dann das Ende der Zeit.

Der Kosmos stirbt so, wie auch wir sterben, nämlich ununterbrochen. Milliardenweise krepieren kosmische Sternzellen, genau wie unsere eigenen oder fressen sich gegenseitig auf. Aber sofort ist Nachwuchs da. Teile des Universums stürzen zusammen, kollabieren zu Schwarzen Löchern, und wenn wir hineinfallen, verschwinden wir hinter dem Ereignishorizont. Ende der Geschichte. Aber schon dichten die Wissenschaftler an einem neuen, dem Mythos der Weißen Löcher, in denen alles wieder aufersteht.

Als Einsteins alter Freund Besso stirbt, schreibt er an dessen Schwester: »Nun ist er mir auch mit dem Abschied von dieser sonderbaren Welt ein wenig vorausgegangen.

Dies bedeutet nichts. Für uns gläubige Physiker hat die Scheidung zwischen Vergangenheit, Gegenwart und Zukunft nur die Bedeutung einer wenn auch hartnäckigen Illusion.«

In der Welt des Lichts gibt es keine Zeit. Kein Früher und Später. In der Wirklichkeit eines Photons sind alle Ereignisse gleichzeitig und seine Welt ist a-räumlich. Wie die Welt der Toten?

Auch für Fred Hoyle – einen der wenigen Physiker, die das Dogma des Urknalls ablehnen – ist Zeit als ewig fließender Strom eine groteske und absurde Illusion. »Wenn es in der Physik eins gibt, dessen wir sicher sein können, dann dies, dass alle Zeiten mit gleicher Wirklichkeit existieren.«

Damit sind wir der Physik des Jenseits gefährlich nahe gekommen. Gibt es zwischen der einen und anderen überhaupt eine Grenze?

Der Kosmos besteht überwiegend aus Licht. Zeit ist also in diesem Kosmos die Ausnahme, eine unbedeutende Variante. Noch buchstabieren wir die Ereignisse mit dem Alphabet der Zeit und die Grammatik, auf die wir uns dabei geeinigt haben, nennen wir Geschichte. Sterbend hören wir auf historische Wesen zu sein.

Prigogine, der russische Physiker und Systemtheoretiker, spricht von der inneren Zeit eines Systems, die Elemente aus der Vergangenheit wie der Zukunft enthält. Jeder Hellsichtige – und mehr oder weniger sind wir alle hellsichtig – lebt in dieser inneren Zeit. »Alles ist«, so T. S. Eliot, »immer jetzt.«

Und damit sind wir in der Anderswelt angekommen, mitten in der Physik des Jenseits. Aber vielleicht möchten Sie eine kleine Pause? Der Spaziergang durch die Museen des Wissens macht müde. Drei Minuten auf der Bank unter einem alten Baum, ja? Ich lade Sie in mein Lieblingsgedicht ein!

Kleines Fröschchen am Wege

Mein Lieblingsgedicht kommt aus Japan. Ich las es, als ich noch ein junges Mädchen war, und es wuchs mir von Jahr zu Jahr tiefer ins Herz. Sie werden es vielleicht ziemlich anspruchslos finden. Ein Haiku von Issa, der im 18. und 19. Jahrhundert gelebt hat.

Kleines Fröschchen am Wege,
Sei nicht bange.
Ich bin's, Issa!

Für mich ist es das schönste Gedicht auf der Welt. Das ist kein ästhetisches Urteil und natürlich gibt es jede Menge kunstvoller Gedichte. Aber bei diesem ist es, als ginge die Sonne auf und erwärmte die Welt.

Zuerst sagte ich es jedem Frosch, dem ich begegnete, auf. Allmählich erstreckte es sich auch auf andere Wesen. Dicke Fliege am Fenster, Spinne im Bad, kleine Maus in der Speisekammer. Ameise, Vogel, Eichhörnchen, Katze und Wurm. Sei nicht bange, ich bin's! Und die Tiere, ob Sie es glauben oder nicht, fingen an mich zu verstehen.

Die Jahre vergingen und mein Haar wurde grau. Da sagte ich es auch zu den Blumen und Kräutern. Zu Brenn-Nessel, Distel und Gras. Zum Gemüse. Sei nicht bange, ich bin's! Das war eine Lüge und es war keine. Denn leider – ich wäre viel lieber geflogen – trat ich auf das Gras. Und mit großem Appetit aß ich Brenn-Nesseln, Rüben und Lauch. Der Jammer ist, dass wir noch immer nicht vom Licht leben können. So sind wir alle Räuber und Mörder.

Ich versuche mir vorzustellen, dass nur ein Energiefeld in ein anderes übergeht. Das Energiefeld eines Karfiols in ein menschliches. Manchmal erkläre ich dem Kohlkopf, wer ich bin, und dass es vielleicht ganz lustig ist sich in mich zu verwandeln. Womöglich ist es sogar eine kleine Karriere. Sei nicht bange, Karotte, Erbse, Spinat! Ich bin's … Aber das könnte jedes Krokodil auch sagen. Und der Wolf, wenn er das Lämmchen reißt.

Warum machen wir dem Busch und dem Baum, Unkraut, Blumen und Kraut, allen Kreaturen der Erde, warum machen wir dem kleinen Fröschchen am Wege so bang? Fürchte dich, sagen wir. Ich bin's!

Aber solang wir das sagen, gibt es die Hölle. Solang wir das sagen, gibt es den Teufel. Denn Hölle und Teufel sind wir selbst. Was wäre die Physik des Jenseits anderes als die Entgrenzung der eigenen Person? Der Tod allein hebt ihre Grenzen nicht auf. Wir müssen es schon selbst tun und lebendigen Leibes. Sonst bleiben wir statt Geister zu werden Gespenster.

Gespenster, die glauben, die Welt sei für sie da. Für wen sonst? Sie gehen aufrecht auf zwei Beinen, machen Geschäfte, denken sich Waffen aus und führen Krieg. Wenn sie das nicht zur Krone der Schöpfung prädestiniert!

Kleines Fröschchen am Wege, der Mensch muss seine Herrschaft verlernen. Er muss seine Maßlosigkeit ablegen. Die Erde ist ein Stern, der blüht. Das ist so schön, dass unser Herz es nicht fasst. Es müsste sonst Tag und Nacht jubeln. Aber haben wir überhaupt noch ein Herz oder haben wir es in den letzten paar tausend Jahren verloren?

Ich rufe alle Issas unserer Zeit auf, zu dichten:

»Liebe Erde im Himmel,
Sei nicht bange.
Ich bin's …«

Platons Höhle

Sie wissen schon, wir sind Gefangene in einer Höhle und können nur in eine Richtung schauen, weil wir gefesselt sind. Hinter uns brennt ein Feuer und vor uns steht eine Mauer. Zwischen uns und der Mauer ist nichts. Wir sehen nur unsere eigenen Schatten und die Schatten der Dinge in unserem Rücken, die durch den Feuerschein auf die Mauer geworfen werden. Unweigerlich müssen wir diese Schatten für wirklich halten. Auch haben wir keine Vorstellung von den Dingen, zu denen die Schatten gehören.

Einem gelingt es aus der Höhle ins Sonnenlicht zu entkommen. Zum ersten Mal erblickt er wirkliche Dinge und erkennt, dass er bisher von Schatten getäuscht wurde. Vom Philosophen wird er zum Wächter, steigt wieder hinab in die Höhle und verkündet die Wahrheit. Er weist den Gefangenen den Weg ins Licht, aber sie glauben ihm nicht. Noch dazu erkennt er, von der Sonne geblendet, die Schatten nur noch undeutlich, sodass sie ihn für dümmer halten als sich selbst.

Die Tragödie aller Wächter, man erklärt sie für verrückt. Überhaupt, wo sie sich in der Höhle nicht mehr auskennen. Im Alltag der Höhle sind Genies fast immer Tollpatsche und Tölpel.

Platons Höhle ist die Zeit, in der wir gefangen sind. Wir können nur in eine Richtung schauen, nämlich die Zeitrichtung. Von der Vergangenheit in die Zukunft. Wir können unsere Köpfe nicht bewegen, wir sind eingeschmiedet.

Ich war dreißig, als ich einen Gefängniskoller bekam. Er dauerte ein Jahr, in dem ich nur äußerlich unauffällig blieb. Ich übertrug ihn auf den Helden des Romans, an dem ich damals schrieb. Einen polnischen Arzt in den Ruinen Wiens nach dem Krieg. Er hieß Jaroslaw Tarski und wurde an meiner Stelle verrückt, i.V.

»Ich reiße meine Wurzeln aus der Zeit, in welcher der Mensch seit Millionen von Jahren gefangen ist wie die Pflanze im Raum. Noch immer haftet sie in der Erde, verwurzelt in der räumlichen wie der Mensch in seiner zeitlichen Endlichkeit. Erst in der Gestalt des Tiers löste das Leben sich und wurde als Mensch frei beweglich im Raum. Er hat den irdischen Raum überwunden und steht an der Schwelle des kosmischen Raums. In der Gestalt des Geistes löst das Leben sich nun aus der Zeit, dringt zum ersten Mal in seine eigene Vergangenheit ein. Und dann? In welcher Gestalt wird es die Zeit überwinden? Der Mensch ist nur eine Larve, die abgestreift wird. Eine sterbliche Larve wie die Pflanze, das Tier. Etwas Neues entsteht. In diesem Augenblick hat es schon begonnen, niemand weiß, wann es hervorbrechen wird und wo. Ich, Mensch, bin zum Tode verurteilt. Nach mir kommt einer, der stärker ist als ich. Er muss wachsen, ich aber muss abnehmen ...«

Ich glaube, ich habe mich als kleine Schwester Johannes des Täufers gefühlt. Sünden waren mir gleichgültig. Ich wollte nur den neuen Menschen verkünden, das neue Zeitalter. Ich wollte meine Leser mit der Zukunft taufen und eigentlich will ich das immer noch.

»Die zersprungene Ordnung, in der ich nicht weiterleben kann! Ist die Welt ein Ei, das man aufhacken muss? Die Weltschale zerbricht. Wird der Embryo Mensch erst geboren? Suche ich meine neue Gestalt?

Ich kann nicht mehr in die Vergangenheit zurückkehren! Und doch erkenne ich die ganze Welt einzig im Spiegel dieser Vergangenheit. Die Zeit ist in meinem Herzen gefangen. Wie kann ich sie befreien ohne mich selbst zu zerstören?

Ich lebe in einer Gesellschaft der Toten. Ich lebe in einem Gefängnis von Namen. Ich verhungere in einem Gefängnis von Namen, die längst erstarrt sind und tot. Wie aber soll ich ohne sie denken?

Eine neue Welt will in mir erwachen. Ich verwandle mich. Werde ich wahnsinnig? Etwas treibt mich den Sprung ins Namenlose zu wagen, in eine Freiheit jenseits aller Erfahrungen. Einen Sprung aus dem Raum. Einen Sprung aus der Zeit. Werde ich abstürzen? Oder komme ich irgendwo an? Setze mich selbst in neuen Räumen, in anderen Dimensionen fort? Vielleicht ist Wahnsinn das Medium, in welchem eine Mutation sich vollzieht …«

Die Ahnung vom Ende der Zeit, der Erlösung von der vierten Dimension, die er die Dimension des Schmerzes nannte, trieb Tarski durch die Ruinen. Zurück zum Keimboden der Zerstörung, während ihm als Angstvision der Zukunft der mumifizierte Homo sapiens erschien, ein lebender Leichnam.

»Der Mensch muss nicht gerettet, sondern überschritten werden! Befreit von seinem armseligen Aberglauben, die Schöpfung wäre mit ihm vollendet. Sie ist es nicht! Kein Ende ist der Mensch, sondern ein Anfang …« So bewegt Tarski sich mit immer größerer Beschleunigung auf eine Grenze zu, den kritischen Punkt der Zustandsänderung.

»Ich will ausbrechen aus meiner Menschengestalt, meinem Menschengeist, meiner Menschenwelt. Oh, dieses Gefängnis, verhasst und geliebt, aus Farben, Tönen, Gerüchen. Gefängnis aus Berührungen, aus Sternen, Raum und Zeit. Dieses schöne, schöne Gefängnis aus lauter Wundern!« Und Jaroslaw Tarski rüttelte an seinen Stäben. Versuchte immer wieder, es mit der expansiven Kraft seines Geistes zu sprengen, dessen Natur schöpferische Unersättlichkeit ist; der jede seiner Welten um einer neuen, noch größeren Welt willen zerstören muss und dessen Weg ins Grenzenlose durch unzählige Punkte der Auflösung hindurchgeht.

Unbewegt leuchtet, Zyklopenauge des Abends, das Zifferblatt einer Uhr. Jaroslaw Tarski zündet eine Kerze an. Die Flamme verschlingt den Schatten. Dann nimmt er ein Messer und betrachtet es lang. Im zersprungenen Spiegel erscheint, goldgerahmt, sein Bild. Er blickt auf, lächelt. »Nach mir kommt einer, der stärker ist als ich. Er muss wachsen, ich aber muss abnehmen. Die Welt töten, damit sie lebt! Die Welt, die ich hasse. Die Welt, die ich liebe ...«

Er erwacht mit einem Schrei. Erwacht in einer Welt ohne Sterne und Blumen, in der die bunten Leiber der Vögel in Nichts zerronnen, die Stadt mit ihren Trümmern versunken, alle Bilder im Unendlichen erloschen sind.

Das Zifferblatt der Uhr leuchtet nicht mehr. Die Mauern der Wirklichkeit sind unsichtbar geworden. Zu seinen Füßen liegt noch das Messer, mit dem Jaroslaw Tarski sich selbst abschnitt von seiner erstarrenden Welt, in der ihm alles zu Eis wurde und Stein. Die glühende Klinge, die er an seine Augen hielt, so lange, bis sein Gesicht im Spiegel erstarb.

Geblendet, fühlt er nichts als das unaufhörliche Wachsen eines leeren Raums. Fühlt nichts als den eigenen Schmerz, der wie ein Pendel in dieser unermesslichen Leere schwingt, und nirgendwo mehr ein Ufer, aus dem flüchtigen Sand der Bilder erbaut, an welchem er rasten könnte. »Ist dies das Ende? Ist es ein Anfang?«

Aber erst heute weiß ich, dass Ende und Anfang eins sind. Verschränkt und einander bestimmend wie die elementaren Teilchenpaare der Physik. Zwar hat noch nie jemand ein Teilchen gesehen. Aber Ende und Anfang schließlich auch nicht. Wir bewegen uns in einem Universum der Wörter. Ihre Entsprechungen, so scheint es, kennen wir nicht.

Alle Wörter sind sterblich.

Das Orakel

Möchten Sie die Zukunft kennen lernen? Da gibt es ein paar Möglichkeiten. Sie können Schafgarbenstängel werfen und nachschauen, was das I Ging zu Ihrem Wurf sagt. Sie können Tarot-Karten aufschlagen, zu einer Wahrsagerin gehen oder Lotte Ingrisch lesen. Ich bin ein Orakel.

Nicht absichtlich. Ich glaube jedes Mal, ich erfinde das alles selbst. Bis ich viel später draufkomme, dass ich schon wieder von der Zukunft abschrieb. Zum Glück lässt sie mich abschreiben und hetzt mir keinen Plagiatsprozess an den Hals. Ich bin allerdings sicher, wenn ich es wollte, würde es nicht funktionieren. Und so habe ich mich nie mit dem Gedanken getragen Prophetin zu werden. Es ist auch ein umständlicher Beruf. Über giftigen Dämpfen herumsitzen und von einer Trance in die andere fallen, also nein. Lieber nicht.

Dass ich aber ohne es zu wissen die Zukunft weiß, kann nur eines bedeuten: Sie ist bereits da! Wir müssen nur aus Platons Höhle herausgehen und das wird bald geschehen. Tarskis Geschichte war die einer persönlichen wie allgemeinen Grenzüberschreitung. Unsere alte Welt schwankte, bekam Sprünge und die Häuser stürzten, wie in den Vierzigerjahren, zusammen.

Damals waren es die Häuser, die wir in uns selbst erbaut hatten. Ideale, Werte, Moral. Tabus und Verhaltensmodelle. Ganze Weltbilder zerfielen zu Asche und Schutt. Unser Geist wurde, wie die Leiber zuvor, obdachlos.

In den Vierziger- spiegelten sich schon die Sechzigerjahre. Alles, Ende wie Anfang, ist ja gleichzeitig. Die Rebellen und Deserteure aller Kulturen bedienten sich der Rauschgifte als eines Vehikels der Entgleisung. Drogen beschleunigen die Entropie, das Chaos, die Verwesung alter Strukturen. Sie beschleunigen gewisse Veränderungen im Spektrum der Wahrnehmung. Ich entdeckte in meinem dreißigsten Jahr auch ohne Drogen, dass es mehr als nur eine Wirklichkeit gibt.

»Das Sein wirft keine Lichter und Schatten mehr«, so der Geblendete, »und alle Dinge haben nur noch ein Innen.«

Aber er verliert das Gleichgewicht, strauchelt, stürzt. Aus dem Abgrund, der ihn immer wieder in sich hineinrief – abyssus abyssum invocat – steigt ein Schwarm apokalyptischer Heuschrecken. »Ihre Angesichter sind wie Menschengesichter und sie haben Haare wie Weiberhaar, wie lebendige Peitschen. Ihre Zähne aber sind Löwenzähne und sie fressen sich in sein Fleisch. Die ganze Erde erbebt. Die Sonne ist schwarz wie ein härener Sack und der Mond tropft auf ihn wie Blut. Die Sterne des Himmels fallen auf die Erde, wie der Feigenbaum seine unreifen

Früchte abwirft, wenn der große Wind ihn bewegt. Der Himmel weicht zurück wie ein Buch, das man zusammenrollt …

Ein Engel steht über Meer und Land und schwört: Keine Zeit wird mehr sein! In der Stimme des siebenten Engels wird das Geheimnis Gottes vollendet. Und die Stimme spricht: Geh und nimm das Buch aus der Hand des Engels und verschling es!

Aber die Stimme der Apokalypse, die ihn aus der Tiefe der Zeit trifft wie das Licht eines längst schon zerborstenen und verbrannten Sterns – es ist seine eigene Stimme, und Jaroslaw Tarski antwortet ihr:

›Ich habe das Buch verschlungen und es ist bitter in meinem Leib. Ich habe die Erde verschlungen und ich habe den Himmel verschlungen. Nichts ist übrig geblieben außer mir selbst. Und so ist alles übrig geblieben. Ich bin gescheitert. Was soll ich tun?‹

Tarski steht auf. Er kennt keinen Weg. Er weiß, dass er immer wieder fallen wird, und immer wieder aufstehen. Und weitergehen – wohin?

Ich sehe keinen neuen Himmel und keine neue Erde. Aber ich suche sie! Solange ich bin, werde ich nicht aufhören zu suchen.

Und mit ausgestreckten Armen verschwindet er in der Nacht.«

»Amour noir« hieß mein Buch und es ist längst vergriffen. Vorher schrieb ich humoristische Romane und nachher schwarze Komödien. Und auf einmal bin ich eine apokalyptische Heuschrecke? Heute weiß ich natürlich, was ich 1960 verkündete, nämlich das Zeitalter des Wassermanns. Die Eruptionen seiner Geburt dauern bis heute an, und zwar schrecklich.

Sie können getrost eine Uhr auf meine Unpünktlichkeit stellen, ich komme immer zu früh! Und da ich eine schreibende Person bin, steht es schwarz auf weiß, also nachprüfbar, auf dem Papier.

In meinem ersten, 1958 unter dem Pseudonym Tessa Tüvari erschienenen Roman beschrieb ich die Hippie-Bewegung und die Cyberspace-Kultur 1965 in der Zauberkomödie »Kybernetische Hochzeit«, in der Kasperl und Computer heiraten, die Welt an Informationsvergiftung erkrankt, Frauen Generäle und Bundeskanzler werden und der Engel aus dem Astronautenhimmel stürzt. Es dauerte lang, bis ein Theater es spielte. In den Siebzigerjahren brach ich mit zwei Tabus: Tod (»Reiseführer ins Jenseits«) und verbotene Sexualität (»Die fünfte Jahreszeit«). Vater und Tochter heiraten und zum ersten Mal wird der Mann von einem Mädchen vergewaltigt. Viel später wurden diese wie auch meine anderen Komödien Realität.

In den Achtzigerjahren entwarf ich in der »Schmetterlingsschule« eine neue Pädagogik, die später als Sokrates-Programm in die EU einging, und engagierte mich im »Engel des Alters« für ein Sterberecht, um das ich immer noch kämpfe. Vergebens bisher, während ich Tod und Jenseitskunde endlich im österreichischen Schulunterricht durchsetzen kann. Mein erster Erfolg! Die Zeit hat mich, ihre Vorläuferin, eingeholt. Ich bin in der Gegenwart angekommen. Das freut und deprimiert mich zugleich.

Keine Täuferin mehr, kein Orakel. Ich bin überflüssig geworden.

Der Abgrund

Die sich nur mit der Erkenntnis des Endlichen beschäftigen, geraten ins Dunkel. Aber die sich nur mit der Erkenntnis des Unendlichen beschäftigen, geraten in ein noch größeres Dunkel. Die geraten ins Dunkel, die nur nach Vergänglichem streben. Aber die nur nach Ewigem streben, geraten in ein noch tieferes Dunkel. Wer da weiß, dass Vergängliches und Ewiges eins sind, überschreitet den Abgrund des Todes.« (Upanischaden)

Die Physik des Jenseits ist gewissermaßen der Atomkern dieses Buchs und alle Kapitel umkreisen ihn wie Elektronen. Ich sage, was ich darüber weiß. Und gemeinsam mit Ihnen möchte ich den Abgrund zwischen dies- und jenseitiger Physik überschreiten. Den Abgrund zwischen Leben und Tod. Ob es gelingt, weiß ich nicht.

Gelingt es nicht, hat uns der biblische Gott noch immer in zwei Hälften gespalten. Dabei haben sich, seit er die Welt erschaffen hat, so viele Leute bemüht, die unglücklichen Hälften wiederum zu vereinen. Zum Beispiel in dieser Zen-Parabel – und Sie wissen, was Zen ist? Eine buddhistische Meditationsschule, sie hat die japanische

Kultur weitgehend geprägt. Im Zen-Kloster sitzen die Schüler bis zu achtzehn Stunden täglich im Lotus und versenken sich. Schlafen sie dabei ein, schlägt der Zen-Meister sie mit einem Stock ins Kreuz. Sie meditieren über paradoxe Rätsel wie den Klang des Klatschens mit nur einer Hand. Ziel ist die Entgleisung des Denkens, seine Befreiung aus den Zwängen der Logik, um Wirklichkeit direkt zu erfahren. Die unmittelbare Erfahrung der Wirklichkeit führt zur Erleuchtung.

Im Grunde suchen wir nichts anderes. Auf vielen Wegen und fast immer bleiben wir auf der Strecke. Aber irgendwann kommen alle im himmlischen Jerusalem, wie unsere Bibel die Erleuchtung nennt, an. Maiglöckchen und Marienkäfer, Haifisch, Homo sapiens, Fledermaus. Jeder Grashalm!

Weil wir, in der Zeitphysik des Jenseits, bereits angekommen sind? Stimmt und das Gegenteil stimmt auch. Erinnern Sie sich? Wir dürfen zwischen Licht und Finsternis, Sein und Werden, Heraklit und Parmenides keinen Unterschied machen. Ich meine damit, praktisch dürfen wir schon. Wer käme auf die Idee um Mitternacht zu frühstücken? Und wir versuchen nicht im Winter Kirschen zu pflücken, obwohl sie doch immer da sind. Oder nicht?

Dass viele Zeiten zur selben Zeit existieren, ist eine vertrackte Angelegenheit. Und dass Zeit und Ewigkeit eins sind, macht es nicht leichter. Am besten, man vergisst das

Ganze! Hat man nicht auch ohne die Welträtsel zu lösen, genug zu tun? Familie, Beruf, Karriere. Das ist wirklich wichtiger.

Nein, ist es nicht! Kann es etwas Wichtigeres geben, als die Welt und uns selbst zu verstehen? Das wird uns zwar nicht gelingen, aber erraten? Vielleicht können wir die Wirklichkeit erraten? Möglich, dass die angekündigte Zen-Parabel uns dabei hilft:

»An einem stürmischen Tag streiten zwei Mönche über ein im Wind flatterndes Banner. Der erste behauptet, dass sich nicht der Wind, sondern das Banner bewegt. Der zweite behauptet, dass sich nicht das Banner bewegt, sondern der Wind. Da sagt ein dritter Mönch, der gerade vorbeigeht: ›Nicht der Wind bewegt sich und nicht das Banner. Es ist euer Geist, der sich bewegt.‹«

Diesseitige Physik und die Physik des Jenseits sind in unserem Geist. Eins und getrennt und beides zugleich. Immer bewegt sich allein unser Geist.

Sie sind weder Zen-Schüler noch bin ich ein Meister. Und Stock habe ich auch keinen. Außerdem ist im Lotus zu sitzen äußerst unbequem. Könnten wir uns trotzdem darauf einigen, dass die Natur der Wirklichkeit wie auch unsere eigene das Paradoxon ist?

Begraben Sie Aristoteles! Entdecken Sie die Logik des Unmöglichen und die geistige Lust des Entgleisens. Ich versuche nicht neue Schienen in Ihrem Kopf zu legen. Im Gegenteil, man sollte die alten loswerden.

Wir sind wie voll geschriebene Tafeln, und manchmal wünsche ich mir einen Schwamm. Wir müssen leer werden, um zu empfangen.

Wie die Taler dem Sterntalermädchen, fällt mir die Physik des Jenseits praktisch ins Hemd. Vom Himmel oder irgendwo sonst. Ich fange sie auf und gebe sie an Sie weiter. Die Sterne und die Sternschnuppen.

Wir existieren in vielen Zuständen

Wie wir selbst, wie überhaupt alles, hat auch die Physik mehr als nur eine Natur. Welche ihrer Naturen sie uns zukehrt, hängt von unserer eigenen ab. Die Art und Weise, in der wir forschen, entscheidet über die Ergebnisse unserer Forschung. Es ist immer die Frage, welche die Antwort bestimmt.

Um Feen zu sehen, meint Lewis Carroll, müssen wir uns selbst ein bisschen feenmäßig fühlen. Das trifft auch auf die Jenseitsphysik zu und deshalb muss man nicht sterben. Einstein fühlte sich wohl schon ein bisschen jenseitig und die abenteuerlichen Quantenmechaniker nach ihm noch viel mehr. Andererseits gibt es haufenweise Gespenster, die noch in Newtons Physik leben. In ihrer Vorstellung wenigstens. Ob, wie und wo es uns außerhalb dieser Vorstellung gibt, wissen wir nicht.

Je nachdem, wie wir uns gerade fühlen, gleiten wir auf der Skala physikalischer Systeme auf und ab. Das hängt natürlich nicht von flüchtigen Stimmungen ab. Ein Toter fühlt sich einfach anders als ein Lebender und dazwischen gibt es jede Menge Nuancen. Was wir als Spuk bezeichnen, ist ein unbemerktes Verrutschen auf der physikalischen

Skala. Eine geringfügige Änderung der eigenen Frequenz und schon befinden wir uns in einem anderen Raum, einer anderen Zeit, einer anderen Physik.

Keine ist wirklicher oder unwirklicher als die andere, ebenso wie wir selbst in keinem unserer Zustände unwirklicher oder wirklicher als in allen anderen sind. Wir existieren – bitte schreiben Sie das in Ihrem Herzen groß! – in vielen Zuständen.

Diese Multiexistenz, die ich ebenso wie andere Sensitive erfahre, ist nur zuerst erschreckend. Später wird sie immer vergnüglicher. Man wird geradezu depressiv, wenn das Leben längere Zeit à la Aristoteles und Newton verläuft.

Ich berichte zwar über die Physik des Jenseits in Praxis und Theorie, muss aber bekennen, dass die Theorie oft weit über meine eigene Praxis hinausreicht. Ich weiß mehr, als ich erlebe. Mein Bewusstsein dehnt sich, wie Ihres zweifellos auch, immer wieder aus. Und immer wieder zieht es sich auch zusammen, dann weiß ich wenig. Im Zustand seiner Ausdehnung reiche ich, mehr oder weniger tief, in die Anderswelt hinein, von der die unsere kaum mehr ist als ein Vorort.

Sprechen die Toten, besonders ein Toter, dann zu mir? Ja und nein. Zwei Schatten fallen ineinander, zwei Lichter verschmelzen. Ich verwandle mich in den Toten und der Tote verwandelt sich vielleicht auch in mich. Das kann Sekunden dauern oder Minuten, ich habe keine

Kontrolle darüber. Es geschieht zumeist nachts und am Morgen weiß ich nichts mehr davon. Doch habe ich mir angewöhnt alles aufzuschreiben, und zwar sofort. Zum Lesen brauche ich dann eine Lupe und buchstabiere, zum Beispiel: »Ich bin kein zusammenhängendes Ganzes mehr. Ich gehöre vielen Systemen an.« Es kommt vor, dass ich ein bisschen erschrecke.

Beschwörung der Sternschnuppen

Alles, was ist, unterscheidet sich voneinander nur durch Zeit und durch sonst nichts. Da Zeit illusionär ist, sind auch alle Unterscheidungen illusionär. Lass die Schlagbäume der Person fallen! Wir sind wie Staub über alle Welten verteilt. Einen Teil des Staubes nennen wir Zukunft, obwohl es sie so wenig wie Vergangenheit gibt. Nichts war, nichts wird sein. Alles ist.«

»Zukunft und Vergangenheit fallen zusammen im Jetzt. In jeder Sekunde sind sämtliche Zeitelemente enthalten. Eine neue Art der Wahrnehmung, die schon in euch aufsteigt, wird das erkennen.«

Ein Versprechen des ewigen Jetzt für alle. Die großen Mystiker haben es bereits für sich selbst eingelöst. Leben Mystiker ohne gestorben zu sein schon im Jenseits? Ja, das glaube ich.

»Wir haben eine zeitliche Identität. Eine zeitliche Anatomie: die historische Person.« Kein Toter! Offenbar belehre ich mich gerade selbst, das kommt auch vor.

»Die Zeit hat Dimensionen.« Hat sie? Ich dachte, sie wäre selbst eine. Das also kommt nicht von mir.

»Zeitzellen!« Gehört offenbar zu den Dimensionen. »Es

gibt Zeitzellen, sie bilden alle Körper in diesem Universum und nicht nur menschliche Zeitzellen können verschmelzen. Egal, wie viel Raum dazwischen ist und wie viel Zeit. Es gibt Liebespaare, die durch Jahrtausende und ganze Erdteile voneinander getrennt sind.«

Das ist aufregend. Wir sind ein Zellstaat. Eine biologische Zellkolonie, die als ihrer selbst bewusste Person auftritt. Nun ja, zum Teil ihrer selbst bewusst. Zumindest was dies betrifft, hat Sigmund Freud Recht. Es gibt auch persönliche Zeitkolonien, sie haben eine Art Identität? Epochen vielleicht, Kulturen? Oder ist etwas ganz anderes gemeint? Zwischen Sender und Empfängerin, also mir, ist oft eine hohe Mauer. Ich notiere ohne zu verstehen.

So war es auch, als Gottfried mir sagte: »Die Ewigkeit ist keine Primzahl.« Ich war in Mathematik nie gut. Damals fragte ich den berühmten Edmund Hlawka und er hat mir die Primzahlen genannt. Ich verstand noch immer nichts. Bis mich eine unbekannte Augenärztin aus Berlin anrief, sie heißt Ulrike Feil, hatte das Buch gelesen und war beeindruckt: » Die Ewigkeit ist also teilbar!« – »Teilbar, wieso?«, fragte ich. »Aber das hat Ihnen Ihr Mann doch gesagt. Sie ist keine Primzahl.« Erst jetzt begriff ich und schrieb es sofort in meinen Kalender. Die Frau Doktor wird mir, fürchte ich, noch einiges erklären müssen.

»Tote, Lebende, Zukünftige – alles ist gegenwärtig.« Kein Problem, schließlich hatte bis zum Urknall, obwohl ich nicht an ihn glaube, das ganze Universum in einem einzigen Punkt Platz. Aber diese Gegenwart ist anders. Ich kann es beinahe sehen. Ein von Geistern erfüllter vieldimensionaler Raum, durchsichtig, sehr hell. Eine Wolke aus Wolken, die sich gegenseitig durchziehen.

»Geschichte kann sich in einem einzigen Punkt treffen und zur Megageschichte werden. Zur zeitlosen Geschichte!«

Der Punkt steht also nicht am Anfang und knallt, sondern zeitlos überall? Eine total andere Physik.

»Im Punkt der Ewigkeit sind wir erstarrt und zugleich fließend in den Dimensionen der Zeit.«

Auch Rilke ließ sich vom Jenseits einsagen. Bei ihm waren es Gedichte. Elegien, Sonette, und er bekannte sich dazu. Möglich, dass Resonanzphänomene eine Rolle dabei spielen. Mich interessiert Physik einfach mehr als Lyrik.

»Im Jenseits erscheint Zeit anders. Zeitstrahlen kommen aus allen Richtungen, kreuzen, vereinigen sich. Die Toten sind nicht abgeschnitten von den Erfahrungen Lebender. Und auch in die Lebenden fließen die Erfahrungen Toter ein.«

Rilke lebte und für ihn war es womöglich noch selbstverständlicher als für mich, unter Toten. Geliebten Toten, aber manche waren ganz fremd. »Nur wer die Leier schon hob auch unter Schatten …«, schreibt er im neunten Sonett an Orpheus. »Nur wer mit Toten vom Mohn aß, von dem ihren ...« Grau- oder Blaumohn dürfte er damit kaum gemeint haben. Oder doch ein bisschen?

Mein Vater trug den Spitznamen »Mohnkönig«. Sein Geschäft und sein ganzes Leben drehte sich um die geheimnisvolle Kapsel. So war meine Kindheit und Jugend geradezu von Mohn durchtränkt und natürlich aß ich ihn alle Tage. Die Kelten auch. Die Kelten haben auch so viel Mohn gegessen und ihr Jenseits, das sie die Anderswelt nannten, war nicht von ihrem Diesseits getrennt. Überhaupt nicht. Zauberfrucht und Hexenkörner, ob es da einen Zusammenhang gibt? Mohn, das Opium der Träumer, der Schattenliebhaber und Hadesgänger.

»Zeit hat zwei Richtungen und bewegt sich in beide zugleich.«

Demnach können die Ursachen gegenwärtiger Zustände ebenso in der Zukunft wie in der Vergangenheit liegen? Die Physik des Jenseits hat eine andere Logik, die nur im ersten Moment überrascht. Mir wird sie zunehmend vertrauter.

»Zukunft gibt es, wie Vergangenheit, im Plural. Vergangenheit kann sich ändern. Sie ist ein in der Gegenwart schöpferischer Prozess.«

Heißt das, wir können in der Gegenwart die Vergangenheit ändern? Was für eine Befreiung, wenn Taten ungetan, Worte ungesagt werden und die Bitterkeit der Reue mit einem Mal süß ist. Nun ja, das ist auch für Geschäftsleute praktisch. Unglückliche Investitionen, der falsche

Aktienkauf und so weiter, das lässt sich alles rückgängig machen?

Kann sein, es gefällt mir nur nicht. Mir ist unsere sich an Wirtschaft und Profit orientierende Gesellschaft in tiefster Seele zuwider. Aber vielleicht geraten die Geschäftemacher sämtlicher Branchen, auch der esoterischen, gar nicht in die jenseitigen Zeitdimensionen? Vielleicht sterben sie noch diesseitig aus, mein alter Verdacht. Viele sind gerufen, wenige auserwählt. Ganz tot werden nur die Auserwählten, alle anderen treiben sich halb tot in den Zwischenreichen herum. Bis auf weiteres jedenfalls.

»Zeit ist Welle, Raum ist Teilchen. Als raumzeitliche Wesen sind wir Welle und Teilchen. Zugleich, und nicht alternierend!«

Nicht alternierend, Teilchen und Welle. Dies- und jenseitig zugleich. Das würde bedeuten, dass jeder Lebende Informationen von dem Toten, der er ebenfalls ist, abrufen kann. Vice versa. Man ist gewissermaßen telepathisch mit sich selber verbunden. Sie werden sehen, nach der ersten Schrecksekunde kommt einem das ziemlich normal vor. Nun ja, vielleicht brauchen Sie ein paar Sekunden …

»Die Funktion der Zeit übt im Jenseits der Raum aus. Diesseitig sind wir zeitlich und jenseitig räumlich angeordnet.«

Klar, wir sind Zeitpflanzen. Der Tod reißt unsere Wurzeln aus der Zeit. Und unsere räumliche Anordnung? »Wie Staub über alle Welten verteilt«, ist das gemeint?

»Es gibt keinen Raum. Raum ist Ausdehnung des Bewusstseins.«

Marie Fürstin von Thurn und Taxis schreibt in ihren »Erinnerungen an Rainer Maria Rilke«, den sie den Dichter des Todes und Doktor Seraphicus nennt: »Er berichtete mir von Vorträgen, die ein sonst ganz eingezogen lebender Mann – es war Alfred Schuler – vor einem kleinen Kreis hielt und die ihn stark beschäftigten. ›Stellen Sie sich vor, dass ein Mann von einer intuitiven Einsicht ... eine Welterklärung zu geben unternahm, welche die Toten als die eigentlich Seienden, das Totenreich als ein einziges unerhörtes Dasein, unsere kleine Lebensfrist aber als eine Art Ausnahme davon darstellte.‹«

Da bin ich einer Meinung mit Schuler und Doktor Seraphicus. Die Physik des Diesseits ist eine Anomalie. Gültigkeit hat sie nur in einem durch Zeit eingeschränkten Bewusstsein. Jenseitsphysik ist die Regel.

»Tote bewegen sich nicht im Raum, sondern in Frequenzen. Daher ihr plötzliches Auftauchen und Verschwinden.«

Und von meiner eigenen Frequenz hängt die Aufnahme und Wiedergabe jenseitiger Botschaften ab. Beim Lesen folgen Sie der Spur meiner Energie und sie ist nicht immer gleich hoch.

Ein Sandkastengespiele meiner Kindheit, heute Kirchenfürst, hat mir diesen Witz erzählt: Der liebe Gott und die Seligen sitzen gemütlich im Himmel. Da kommt einer aufgefahren, sagt »Ich bin der Gu …« und verschwindet. Kommt wieder aufgefahren, »Ich bin der Gu …«, weg ist er. Das geht so ein paar Mal. »Ich bin der Gu …« Der liebe Gott schüttelt mitleidig den Kopf. »Das ist der Gugerbauer«, sagt er. »Den tun sie schon wieder reanimier'n.«

Kann man das Erscheinen und Verschwinden gewöhnlicher und ungewöhnlicher Wesen, von Elfen, Fabeltieren und Gespenstern besser erklären? Wir nehmen nur wahr, was in unserem Frequenzfenster erscheint. Und dieses Fenster hat keinen festen Rahmen.

»Du bist überall im Raum, in der Zeit. Wirklich überall!« Stimmt. Aber in meinem jenseitigen Zustand! Im diesseitigen schaffe ich es nur bis zur Bilokation.

Einmal sprach ein Engel zu mir, das war ein Problem. Denn ich glaubte eigentlich nicht an ihn. Also fragte ich den vor mehr als tausendfünfhundert Jahren verstorbenen Dionysius Areopagita, merken Sie? Das mit den Liebespaaren, die durch Jahrtausende und ganze Erdteile voneinander getrennt sind, stimmt zumindest in ihrem Wellenaspekt. »Gibt es den Engel?« Der Mystiker, für den mein Herz schlägt, antwortete: »Du hättest fragen sollen, wo es ihn gibt? Paris gibt es auch nicht überall. Ich bin der falsche, der Pseudo-Areopagita. Patriarch von Konstantinopel. Hier bei euch. Anderswo bin ich vielleicht Bischof von Athen oder der Syrer.«

Seine Identität ist tatsächlich ungeklärt, er scheint mehrere zu haben. »Die Hierarchien der Engel«, über die er in einer von ihnen schrieb, hatten es mir angetan. Welche Freude, als er fünfundzwanzig Jahre nach der Lektüre in meinem Geistersalon auftauchte. »Du kannst diesen Geistersalon als Kreuzung mehrerer Zeitstrahlen betrachten. Jahrhunderte, Jahrtausende können einander so flüchtig durchdringen, eins werden und wieder auseinander fliegen. Ein gänzlich unerwartetes Ereignis.«

Das war es tatsächlich. Leider sind die Jahrhunderte vor neun Jahren wieder auseinander geflogen und Dionysius mit ihnen. Jetzt wäre ich schon dankbar für einen zwielichtigen Engel. Es ist aber keiner da.

»Die Wirklichkeit wird im Moment erschaffen, in jedem, und sie ist instabil.« Das kann man wohl sagen. Nichts verändert sich so schnell wie sie und nichts ist so fragwürdig. »Wir erblicken sie nur in den Zerrspiegeln der persönlichen wie der allgemeinen Geschichte. Geschichte krümmt Ewigkeit zu Zeiten und Zeit. Alle Biografien sind Späße, die wir mit uns selbst treiben.«

Offenbar haben wir einen gehässigen Sinn für Humor. Das erinnert mich wieder an meinen seinerzeitigen Engel. Auch bei ihm, wie bei so ziemlich allen Unsichtbaren, erkundigte ich mich nach Gott. Seine Antwort hat mich erschreckt. »Gott«, sagte er, »ist gnadenloser Humor.« Eine erstaunliche Definition.

Aber dann, und das kam nicht vom Engel: »Du musst Vertrauen haben in Leben und Tod und keines dem anderen vorziehen. Hab Vertrauen ins Universum! Das Universum ist eine Person und weiß, was es tut.«

Weniger klipp und klar, geistert dieser Gedanke seit Jahrtausenden durch unser Bewusstsein.

»Lernt von den Bäumen! Zeitwald. Unsere Biografien sind Bäume in einem einzigen Wald.« Und: »Seelenwanderung ist die Erfahrung der unendlichen Allgegenwart aller Gestalten.«

»Das Jenseits hat keine Orte.« Und diesmal Gottfried, den ich frage: »Orte sind für mich keine Orte mehr. Orte sind Zustände. Manchmal, immer seltener, bin ich im Zustand der Ratte.« So hat er mich früher genannt. Jenseitig, kann man sich also in den Zustand eines Diesseitigen begeben und umgekehrt geht es auch. Was nur bedeuten kann, dass Personen flüchtige und veränderliche Zustände sind.

»Zustände des Geistes«, bestätigte Gottfried. »Mein Körper war einer von ihnen. Körper trennen eher, als dass sie verbinden.«

Geist kann, wenn ich es richtig verstanden habe, verschiedene oder alle Zustände annehmen. Körper ist ein Zustand des Geistes. Wird der Zustand unerfreulich, gibt man ihn auf und nimmt einen anderen an. Man wechselt ihn und das nennt man Sterben. In einem unerfreulichen Zustand zu verharren, ist weder tapfer noch gottgewollt. Es ist einfach dumm.

Meine chronische Frage nach Gott: Wer bist du? »Der

Geist des Erschaffenen und des Unerschaffenen. Beide gehen beständig ineinander über.«

Ich bin nicht die Einzige, die Sternschnuppen beschwört. Und um ein Interview mit Gott haben sich schon viele gerissen. Ob sie es bekommen haben und ob auch ich es bekam, bleibt die Frage. Moses war vermutlich der Erste und wurde nicht, so wie ich, von Zweifeln geplagt. Die Welt wäre sonst um Zehn Gebote ärmer. Allerdings hätte sie dann nicht ganze Heerscharen von Göttern und Göttinnen eingebüßt. Ein bedauerlicher Verlust.

Amenophis der Vierte war so beeindruckt von seinem Gespräch mit Gott, den er als die sichtbare Sonne Aton erfuhr, dass er sich fortan Echnaton nannte und ganz Ägypten dem Monotheismus unterwarf. Das war aber kein großer Erfolg.

Die alten Chinesen erfanden bereits eine Art Planchette für ihre Plaudereien mit Geistern und Kaiser Wu ließ sich bei seinen Staatsgeschäften von einer toten Prinzessin beraten. In Indien kamen einst die Götter und Geister angeflogen wie Vögel und wortkarg waren sie nicht. Auch nicht bei den Griechen, wo sie sich als Musen offenbarten.

Mache ich mich lustig darüber? Nein, das tue ich nicht. Aber »die Erkenntnisse der rechten Hemisphäre sind nicht dieselben wie die der linken« und das wurde mir auch eingesagt. Der Zweikampf meines Gehirns mit sich selbst ist also normal und Ihnen wird es nicht anders ergehen. Die Hoffnung auf eine dritte Hemisphäre, in der die beiden anderen sich versöhnen, ist gering, zumal es nicht mehr als zwei Hälften gibt. Glaube und Zweifel gehören zusammen wie ein Ehepaar, das miteinander zwar schlecht, aber ohne einander überhaupt nicht leben kann. Wer nur glaubt oder nur zweifelt, ist nicht komplett.

»Jenseitige haben die Fähigkeit in der Zeit vor- und zurückzugehen. In der vieldimensionalen Landschaft Zeit können wir einander jederzeit und allerorts begegnen. Das Jenseits ist nicht linear. Warum sollte ich nicht in mehreren Zuständen, also an mehreren Orten zugleich, existieren?«

»Denkt an die Toten nicht als an vergangene Lebende. Gegenwärtig, sind sie bereits andere.« Und die Identität? »Es gibt keine. Die Toten steigen und fallen im ewigen Sein.«

Eine Sternschnuppe hat mich erschreckt. »Es gibt mich nicht und hat mich niemals gegeben. Das gilt auch für dich.« Es folgte ein Auftrag: »Such das, was hinter uns ist!« Also hinter der Scheinperson, der Persona, der Maske.

»Die dies- und jenseitigen Zustände bedingen und entsprechen einander.«

Von allen Informationen ist das womöglich die wichtigste. Nicht in dem Sinn, dass uns im Jenseits Strafe und Lohn für unser diesseitiges Leben erwarten. Da legen Religionen eine richtige Ahnung falsch aus. Nein, der Lebende wirkt auf den Toten, der Tote auf den Lebenden ein. Beide verändern einander und sind doch ein und derselbe.

Es scheint drei Tode zu geben, vielleicht auch mehr. »Im dritten Tod wird arretiert gewesenes Licht frei.« Dann kam etwas Sonderbares: »Auch Gebete können Licht arretieren.« Und der Sündenfall? »Ist energetischer Natur.« Der Abfall von Gott? »Das Fallen der eigenen Frequenzen.« Ja, natürlich. Wenn Gott der höchste aller Zustände ist ...

Die Personenperson

Ich agiere in parallelen Universen!«, notierte ich eines Nachts. In Großbuchstaben, es schien mir wichtig zu sein. Aus Erfahrung weiß ich inzwischen, dass ich mich in verschiedenen Biografien herumtreibe wie Sie vermutlich auch. Man tritt, wie der Komödiant, in vielen Rollen und auf mehr als einer Bühne auf. Ich möchte Ihnen mehr über Hugh Everetts Vielwelten-Theorie erzählen. Über die parallelen Universen, die mich so faszinieren. Doch habe ich sie nicht erfunden und entdeckt auch nur ein bisschen. Sie werden indirekt ein paar Quantenphysiker kennen lernen und ich weiß nicht mehr genau, welche es sind. Also bedanke ich mich, stellvertretend für alle, bei dem Amerikaner Fred Alan Wolf, Professor für Theoretische Physik.

Ich liebe seine Bücher und eins schlage ich jetzt irgendwo auf: »Hoyle war zu dem Schluss gelangt, dass die Zukunft darüber entscheidet, welche Wahl in der Gegenwart getroffen wird.« Da kann ich nur jubeln, das ist die Physik des Jenseits!

Fred Hoyle hat vor vielen Jahren, wie andere Physiker auch, einen Science-Fiction-Roman geschrieben: »Die schwarze Wolke«, die sich allmählich als bewusstes und kommunikables Wesen entpuppt. Eine gasförmige Person. Ich war hingerissen und vielleicht treiben Sie das Buch noch irgendwo auf, es lohnt sich.

Jedenfalls weiß ich nicht mehr genau, wo ich selbst im folgenden Text anfange oder aufhöre, und wo Fred Alan Wolf oder die anderen lebenden und toten Quantenphysiker, die ich mit so großer Begeisterung studiert habe. Wir sind ein wenig durcheinander geraten, man möge mir verzeihen. Mein Kopf ist so wenig jungfräulich wie mein Gemüt.

Was ist nun ein paralleles Universum? Ein Bereich von Raum und Zeit, der Materie, Galaxien, Sterne, Planeten und Lebewesen enthält. Es ist dem unseren ähnlich und vielleicht sogar ein Duplikat. In einem parallelen Universum gibt es nicht nur ebenfalls Menschen, sondern diese Menschen könnten unsere Doppelgänger oder auf noch unerklärliche Weise mit uns verknüpft sein.

Erinnern Sie sich? Einstein hält es für möglich, dass sich hinter unseren Sinneswahrnehmungen ganze Welten verbergen, von denen wir keine Ahnung haben. Das könnten Hugh Everetts »viele Welten« sein, die »parallelen Universen«. Und wie die andersartigen Formen von Bewusstsein, von denen William James spricht, sind sie vielleicht nur »durch den dünnsten Schirm« von unserem eigenen Bewusstsein, also uns selbst getrennt. Ich vermute sogar, dass die Universen einander durchdringen, und wahrscheinlich vermuten das ein paar andere auch. Ist es möglich, dass wir in unseren Träumen, ebenso wie der Schizophrene in seinen Schüben, in parallele Welten geraten? Nicht nur möglich, es ist wahrscheinlich. Auch Künstler können sich dorthin verirren und natürlich die Schamanen …

Moment! Schamane und Künstler, das war früher ein und dieselbe Profession. Der Schamane verbindet das Dies- mit dem Jenseits. Das tut der Künstler, so er einer ist, auch. Haben die parallelen Universen vielleicht etwas mit dem Jenseits zu tun? Der Gedanke kommt mir gerade und ich lasse ihn noch ein bisschen reifen. Zurück zur Physik!

Einige Physiker vermuten parallele oder verzerrte Verdoppelungen in diesen Universen. Ich kann die Vermutung bestätigen. In meinen früheren Büchern – »Der Himmel ist lustig« und »Unsterblichkeit« – habe ich über meine eigenen Verdoppelungen, sowohl parallel als auch verzerrt, berichtet und deren Zeugen genannt. Das Phänomen ist, obgleich selten, als Bilokation bekannt. Könnten Tote, die in unserem Universum erscheinen, also Geistererscheinungen …

Erraten Sie, was ich denke? Das Jenseits ein Paralleluniversum, aus dem tote Doppelgänger sich zu uns verirren. Nur eines?

Im selben Raum und zur gleichen Zeit existieren parallele Ichs und Dus, die wir normalerweise nicht wahrnehmen. Ich schon, ich habe sie wahrgenommen. Meinen Mann Gottfried dreifach in seiner Rindlberger Schlafstube. Er lag im Bett, er lag auf dem Fußboden und er stand in einer Ecke. Gottfried hat mich häufig doppelt gesehen. An meinem Schreibtisch und gleichzeitig saß ich am anderen Zimmerende in einem englischen Fauteuil. Oder manchmal war ich zwar am Schreibtisch, aber unsichtbar. Und so weiter, das ist alles keine Hexerei. Die meisten Spukgeschichten sind pure Physik.

Die Gestalten eines Raums durchdringen andere Räume wie Gespenster in der Nacht. In ihren jeweiligen Universen sind sie nicht gespenstisch, sondern vollständig und ganz normal.

In einer Wolke fluktuierender Universen verschwinden Körper, tauchen Körper auf. Nichts bewegt sich, nichts steht still, alles ist eingefroren, wir auch. Ein einziger Gruselfilm, nur dass er nicht läuft. Noch dazu spaltet jede Entscheidung, die wir treffen, uns selbst und unsere Welt. Was wir aber, wie es scheint, zum Glück nicht bemerken. Oder bemerkt es der Schizophrene doch und agiert es als Krankheit aus? Während der Depressive immer unfähiger wird Entscheidungen zu treffen. Ahnt er, fürchtet er die Aufspaltung? Gehört die Psychiatrie zur Physik?

Energie und, wie Hawking vermutet, auch Information wird zwischen den Universen ausgetauscht. Klar, was die Energie betrifft. Wir kennen das Phänomen nur zu gut. Da gibt es die Energieräuber, oft ganz reizende Leute, aber der Umgang mit ihnen macht unsere Batterien leer und wir welken zunehmend dahin. Dabei wissen sie zumeist gar nicht, dass sie ihre Partner, Freunde und sogar Wildfremde schonungslos anzapfen. Die Vampire sind mitten unter uns. Wir trinken mit ihnen Kaffee, plaudern angenehm und kriegen nicht einmal eine Gänsehaut. Die Welt ist, auch wenn die Sonne scheint, ein düsterer, sonderbarer und sehr unheimlicher Ort.

Warum kennen wir die Mächtigen dieser Welt, sobald sie ihre Positionen verloren haben, nicht mehr? Weil wir Scheusäler sind? Ja, das auch. Aber der Verlust einer Stellung, eines Amtes, eines Ranges ist auch ein Energieverlust, auf den wir mit Flucht reagieren. Gestürzte Minister und pensionierte Generaldirektoren stehen, sofern sie überhaupt noch eingeladen werden, einsam in Ecken herum und verbittern. Das ist kein ethisches, kein gesellschaftliches, das ist ein rein energetisches Problem. Nur, wer selbst Energie im Überfluss hat, kann sich die Freundschaft mit einem energetischen Absteiger leisten, der sich unvermeidlich an ihm aufladen wird.

Was Hawkings Information betrifft, aber ja! Universen sind auch Telepathen. Manche mehr, manche weniger. Ganz wie die Menschen und anderen Tiere. Sogar Pflanzen – wussten Sie das? – kommunizieren telepathisch mit ihresgleichen und mit uns auch. Das haben schon die alten Märchen gewusst und die Wissenschaft hat es eindeutig bestätigt. Denken Sie also nicht schlecht von Spinnen, Disteln und Brenn-Nesseln, sonst kränken sie sich.

Nicht nur die Universen, sondern auch wir sind telepathisch verbunden. Miteinander, und jeder auch mit sich selbst. Das ist nicht unkomisch, oder? Ich, Sie, wir alle unterhalten uns beständig mit unseren anderen Egos in parallelen Universen. Eine Art stiller Post, wie wir sie beim Schwindeln in der Schule praktiziert haben. Und wie damals müssen wir verflixt aufpassen, dass der Herr Lehrer, Neokortex heißt er, uns dabei nicht erwischt.

Ob die vielen Personen, die wir alle auch sind, womöglich eine einzige ist? Und werden wir sie je kennen lernen? Die Personenperson …

Die Reise ins Schwarze Loch

Ich möchte Sie nicht mit Physik pur quälen. Von Schwarzen Löchern haben wir alle schon einmal gehört. Sie sind Sternenfresser. Menschenfresser im Prinzip auch, doch fehlen wir auf dem himmlischen Buffet. Interessant ist, dass sich in ihrer kannibalischen Nähe Tore zu anderen Universen befinden, ja dass sie womöglich selbst eines sind. Das Schwarze Loch, so vermuten einige Physiker, ist gar kein Loch, sondern eine Röhre, durch die man in andere Universen gelangt. Das dürfte stimmen, denn ...

Gottfried von Einem war ungeheuer gebildet. Aber für Physik hat er sich nicht interessiert. Außer für Richard Feynman, den liebte er sehr und hat seine Autobiografie (»Sie belieben wohl zu scherzen Mister Feynman!«) mindestens fünfzig Male verschenkt. Ich hoffe, die beiden sind einander inzwischen begegnet. Aber vor vielen Jahren, wir waren gerade in unserer Wiener Wohnung in der Nikolaigasse, sagte mein Mann plötzlich: » Was war das? Ich hab auf einmal die Welt gesehen, wie sie wirklich ist. Lauter schwarze, miteinander verbundene Röhren.« Er schüttelte den Kopf und ich auch. Es klang total verrückt.

So klingt es jetzt nicht mehr. Diese Röhren führen zu jedem Ort und in jede Zeit. Gelangt man durch sie von einem zum anderen Universum, kehren sich Raum und Zeit um. »Denn zum Raum wird hier die Zeit«, hat Richard Wagner, und ich kann ihn wirklich nicht leiden, gedichtet. Eine gewisse Sensitivität kann man ihm also nicht absprechen. Erfährt der Sterbende vielleicht so eine Röhre als schwarzen Tunnel, durch den er ins Licht reist, in ein anderes Universum, das wir Jenseits nennen?

Jetzt kann ich Ihnen die Physik nicht ersparen, es ist einfach zu wichtig: Geriete jemand aus unserem Weltall ins Schwarze Loch, das Raum und Zeit einsaugt, nähme er das Licht hinter ihm wahr, als käme es auf ihn zu. Die Verzerrung entsteht dadurch, dass er sich fast mit Lichtgeschwindigkeit bewegt. Bliebe er stehen, sähe er dieses Licht nicht. Er kann aber nicht stehen bleiben, sondern wird selbst zu einem Teil des Raums und der Zeit um ihn herum. Er schleppt sie gewissermaßen als Gepäck mit.

Kommt Ihnen das auch so bekannt vor wie mir? Eine exaktere Beschreibung des Sterbens wird es kaum geben. Und eine tröstlichere auch nicht, denn …

Sobald er den kritischen Radius überschreitet, erblickt er eine dunkle Kugel mit einem Lichtpunkt in der Mitte, der bei seinem Näherkommen zur Lichtkugel wird. Dieses Licht kommt aus dem parallelen Universum! Kurz vor seinem Zusammenstoß mit der Singularität, was ist das? Ein Ort, an dem die Krümmung der Raumzeit unendlich wird, und platsch, kriegt sie einen Riss. Man kann sie nicht weiter verfolgen. Kurz bevor unser Mister X also an den fürchterlichen Riss stupst, sieht er lauter Licht. Er nimmt wahr, was sich in unserem Universum abspielt, und was in dem parallelen. Er schaut zu, wie unser Universum stirbt, und als er die kritische Schwarzschildfläche durchquert, was ist das? Die Wand des Schwarzen Lochs, seine Haut. Er fliegt ins Schwarze Loch – und erblickt die Unendlichkeit.

Die ganze Zukunft des Universums rast wie ein Blitz an ihm vorbei. Er kommt im Schwarzen Loch an und guckt direkt ins andere Universum. Aber da ist noch immer ein Halo, was ist das? Ein Hof um eine Lichtquelle. Da ist noch immer ein Halo von Licht aus seinem alten Universum, der ihm vorkommt wie ein Film. Ein Film, den er schon kennt, nur läuft er jetzt verkehrt ab.

Das erinnert mich an meine alte Geografieprofessorin. Einmal, so erzählte sie uns, wäre sie um ein Haar ertrunken. Und da zog ihr ganzes Leben noch einmal schnell an ihr vorbei. Aber in der falschen Richtung. Das wird uns auch passieren und dann wissen wir schon, aha! Gleich sehen wir das Ende der Welt. Die Sterne erlöschen, das kommt uns wegen der Zeitumkehr wie der Urknall vor, der Big Bang, und plötzlich tauchen die Sterne auf.

So spannend wie Sterben kann, auch beim besten Willen, kein Leben sein! In beiden parallelen Universen läuft die Zeit jetzt andersrum ab. Die Zukunft des einen ist unsere Vergangenheit, die Vergangenheit des anderen unsere Zukunft. Die Universen gleichen einander, nur die Zeitrichtungen sind vertauscht.

Der Ereignishorizont, also die Oberfläche eines Schwarzen Lochs, ist eine geheimnisvolle Grenze. Überschreiten wir sie, wird der Raum zum Fluss ohne Wiederkehr. In der Zeit aber können wir uns jetzt nach beiden Richtungen bewegen. Na bitte, Richard Wagner und der Traum meiner späten Zwanzigerjahre! Die Vertauschung von Raum und Zeit spukte bereits in unseren Köpfen. Die Gegenwart ist der Spiegel, in den Zukunft und Vergangenheit ihre Schatten werfen.

Wie geht die Reise weiter? Abenteuerlich! Nicht nur zwei, sondern unendlich viele Universen sind durch ein Schwarzes Loch miteinander verbunden. Wir müssen uns nur, was posthum keine Schwierigkeit bereiten dürfte, immer weiter durch äußere und innere Ereignishorizonte hindurchwinden. Auf die Weise können wir jede Menge paralleler Welten besuchen und langweilen werden wir uns sicherlich nicht.

Erfahren wir im Schlaf andere Welten, nehmen voneinander verschiedene Wirklichkeiten wahr? Davon bin ich überzeugt. Unser Geist streunt munter über Ereignishorizonte und treibt sich in Schwarzen Löchern herum. Was er dabei erlebt, übersetzt das Gehirn in Träume. Da sein Vokabular begrenzt ist, übersetzt es häufig falsch und immer verzerrt.

Das Universum spricht viele Sprachen, die wir nicht kennen. Zum Beispiel die Sprache der so genannten »Dunklen Materie«, die wir nicht beobachten können und die nur durch ihre Gravitation nachweisbar ist. Mit Schrecken hat die Wissenschaft erkannt, dass uns sechsundneunzig Prozent der Welt fehlen! Ein durch kein Instrument lösbares Rätsel. Wir haben keine Ahnung, wie und was diese exotische dunkle Materie ist. Eine Schattenwelt, mutmaßt Stephen Hawking, die vielleicht Schattenmenschen beherbergt? Bei dem Versuch die Umlaufbahnen ihrer Schattensterne um das Zentrum der Schattengalaxie zu erklären, zerbrechen auch sie sich den Kopf über die Masse, die wiederum ihrer Welt fehlt.

Vier Prozent des Universums hat die Wissenschaft in ihren Schmetterlingsnetzen eingefangen und sechsundneunzig Prozent fliegen noch immer frei herum. Sie gehören keiner der uns bekannten Teilchenrassen an. Dabei sind schon diese gewöhnlichen Rassen ungewöhnlich genug. Im Vergleich zu den abenteuerlichen Teilchengeschichten sind die aus »Tausendundeiner Nacht« geradezu langweilig.

Die Neutrinos, zum Beispiel, sind geisterhafte Einzelgänger, die sich von anderer Materie fern halten. Auf ihrer einsamen Reise durch den Kosmos huschen sie heimlich in Milliarden durch Ihren Körper. Oder die letalen Liebespaare der Elektronen. Jedes Teilchen hat sein haargenau gleiches Antiteilchen, nur die elektrische Ladung ist konträr. Sie stehen in einer Art telepathischer Fernbeziehung. Kommen sie einander zu nahe, vernichten sie sich. Übrig bleibt reine Energie. Es gibt Teilchen, die statt in die Zukunft in die Vergangenheit reisen. Teilchen, die wie die armen Mäuse im Rad in geschlossenen Raum- und Zeitschleifen laufen, »und täglich grüßt das Murmeltier«, Sie kennen den Film? Und dann gibt es die virtuellen Teilchen, die sich für ihre Existenz Energie vom Vakuum ausborgen. Sie zahlen sie aber brav zurück, indem sie sich wieder ungeschehen machen. In der Nähe eines Schwarzen Lochs treten sie paarweise auf. Manchmal fällt ein Zwilling ins Loch und der andere springt ihm keineswegs nach, sondern ergreift gefühllos die Flucht.

Es gibt noch viele Teilchen, falls es überhaupt welche gibt und beinahe fortwährend werden neue entdeckt. Einige ihrer Biografien lesen sich wie griechische Tragödien, andere wie Comicstrips. Ich wollte, ich verstünde mehr davon. Ich bin nur ein Amateur. Aber vielleicht unterscheidet der Liebhaber sich vom Ehemann durch die größere Freiheit.

Als graduierte Wissenschaftlerin würde ich mich womöglich nicht trauen die Wissenschaft selbst infrage zu stellen. Oder doch? Ich denke mit Vergnügen an Norbert Wiener, Vater der Kybernetik, der sich fast ein halbes Jahrhundert vor Star Trek und Anton Zeilinger mit dem Beamen befasst hat. »Ich bin Mathematiker«, schreibt er, soweit ich mich erinnere, in seiner Autobiografie. »Das heißt, ich bin Künstler.«

Ich liebe die Poeten und Tänzer der Physik! Ich liebe ihre Träume im Nachtschatten dunkler Materie. Ich liebe die wunderbaren Bilder, die sie ins Unsichtbare malen. Und ich liebe die Quantengespenster; die Teilchen-Zwerge und Kobolde, little people, das kleine Volk. Wir Dummköpfe haben sie aus unserem Leben vertrieben und mit ihnen die Unschuld, die Anmut, den Zauber.

Heimlich sind sie wiedergekehrt. Nur hat niemand sie unter ihren Tarnkappen erkannt. Ich kann sie beinahe lachen hören, immer schon haben sie ja Scherz und Schabernack mit uns Menschen getrieben. Dies aber ist ihr lustigster Streich! Als Elementarteilchen haben die verbannten Elementarwesen Zuflucht in den Atomen gefunden, wo sie keiner vermutet, schon gar nicht die Physiker. Die zerbrechen sich den Kopf über sie und verdienen dafür allesamt den Nobelpreis. Akribisch sammeln sie, wie seinerzeit die Gebrüder Grimm Mythen und Märchen, ihre Geschichten und zeichnen sie auf.

Das ist gut so. Denn in Märchen erfahren wir mehr über die Welt als in der Zeitung und Mythen kommen der Wahrheit näher als die ganze Wissenschaft.

Hat Newton den Mythos umgebracht?

Diese Frage stellte der amerikanische Fernsehjournalist Bill Moyers meinem Lieblingsmythologen Joseph Campbell. »Oh«, antwortete dieser und vielleicht lächelte er dabei. »Ich denke, der Mythos kommt wieder.«

Ich denke, er war die ganze Zeit da. Nur traten die Götter und Göttinnen bei Newton als Gesetze auf und Schluss war mit der schönen Allotria. Als dann Relativitätstheorie und Quantenphysik in die wissenschaftliche Arena einzogen, mussten sie nicht mehr eisern sein und offenbarten neuerlich ihre mutwillige, laszive Natur. Auch die Erde spielt nicht länger die Maschine, sondern feiert ihr Comeback als Göttin Gaia, die wir leider noch sehr ungöttlich behandeln.

Unlängst war ich in die Österreichische Akademie der Wissenschaften geladen. Walter Thirring präsentierte mit großem Witz seine »Kosmischen Impressionen«. So ziemlich die ganze Wiener Physik war gekommen. Auch die Nachbarfakultäten und ich saß neben meinem lieben alten Freund Edmund Hlawka, der zwar auch Physiker, vor allem aber ein weltberühmter Mathematiker ist. Sogar ein Stern wurde zu seinen Ehren nach ihm benannt.

»Aber«, wie er bescheiden versichert, »es ist nur ein kleiner Stern.«

Ich wiederhole für Sie ein Gespräch, das wir anschließend führten:

Lotte: Du, Edmund ...
Hlawka: Ja?
Lotte: In dem Buch, das ich gerade schreib ...
Hlawka: Du schreibst schon wieder ein Buch?
Lotte: Noja.
Hlawka: Ich hab mir dein letztes gekauft.
Lotte: Was, ich hab es dir nicht geschenkt?
Hlawka: Hast du nicht. Und lauter Felder kommen drin vor. Kein Mensch weiß, was ein Feld ist.
Lotte: Was Frequenz ist, weiß auch niemand.
Hlawka: Die Anzahl der Bewegungen.
Lotte: Was soll sich schon bewegen, wenn es in Wirklichkeit gar nichts gibt?
Hlawka: Ja, ein Teilchen hat noch niemand gesehen.
Lotte: Eben. Und wegen der Felder, was ist mit Einsteins Gespensterfeld?
Hlawka: Du mit deinen Gespenstern.
Lotte: Aber das ist die Realität. Und im neuen Buch, wollte ich sagen, da erkläre ich alle Physiker zu Mythologen.
Hlawka: Die werden sich freuen. In der Luft zerreißen werden sie dich.

Lotte: Warum sollten sie? Ich liebe sie doch. Die Physik und die Mythologie, das ist dasselbe.

Hlawka: Ist es nicht. Die Physiker halten sich für exakt.

Lotte: Exakt ist überhaupt nichts. Oder war Newton exakt?

Hlawka: Du meinst, wegen Einstein und der Quantenphysik? Aber du musst unterscheiden zwischen Atomen und Eddingtons zweitem Tisch.

Lotte: Jö, das wäre ein schöner Buchtitel. »Eddingtons zweiter Tisch«. Sir Eddington liebe ich besonders. Ein Mystiker der Physik. Er glaubt auch nicht, dass die Welt wirklich ist.

Hlawka: Das Wesen der Wirklichkeit ist geistig, sagt er. Das ist nicht dasselbe.

Lotte: Vielleicht nicht ganz. Aber der Mathematiker begreift die Welt nicht besser als der Dichter, er versteht sich nur besser aufs Rechnen. Sagt er auch. Ach so, entschuldige. Was ist mit dem Tisch?

Hlawka: Es gibt den Tisch, an dem du sitzt. Und dann gibt es den Tisch, der hauptsächlich aus Leere besteht, in der wie ein Fliegenschwarm elektrische Ladungen herumschwirren. Gehen wir heute zum Chinesen?

Lotte: Geht Samstag? Ich sitze am Manuskript. Und ich will lieber mit dir reden als essen. Ich komme zu dir.

Hlawka: Aber meine Bedienerin ist krank.

Lotte: Ist mir doch egal, ob deine Wohnung aufgeräumt ist oder nicht. Was können wir für die Entropie? Jetzt hab ich gar nicht gefragt, wie es dir geht.

Hlawka: Wie soll es mir schon gehen? Ich bin siebenundachtzig.

Lotte: Bist du nicht, warum machst du dich immer älter? Außerdem ist Sterben schön. Wenn du die kritische Schwarzschildfläche durchquerst, was genau ist die überhaupt?

Hlawka: Die Wand des Schwarzen Lochs. Seine Haut.

Lotte: Wenn du da durchgehst, erblickst du die Unendlichkeit.

Hlawka: Ich erblicke gar nichts, weil das Schwarze Loch mich in Stücke zerreißt. Wo ich eh so wehleidig bin.

Lotte: Aber dich doch nicht! Das Schwarze Loch zerreißt zwar deinen Körper, aber das bist nicht du. Ich erklär es dir Samstag.

Hlawka: (seufzt)

Der einzige Bürge

So nennt Sir Arthur Eddington, der englische Mathematiker, Physiker und Astronom, unseren Geist. »Wir haben die geistigen Fantasiegebilde ausgemerzt um zu der ihnen zu Grunde liegenden Realität zu gelangen und haben gefunden, dass die Realität des Urgrundes unlösbar mit einer ihm innewohnenden Fähigkeit, eben diese Fantasiegebilde im Geist zu erwecken, verknüpft ist. Da nun der Geist, der diese Gebilde webt, zugleich der einzige Bürge für Realität ist, kann Realität nur auf dem Grunde von Illusionen gesucht werden. Illusionen verhalten sich zur Realität wie der Rauch zum Feuer.«

Wir ahnen das Feuer, aber wir wissen es nicht. »Ahnung«, hat Gottfried von Einem, und zwar der diesseitige, mir immer wieder gesagt, »ist das Höchste, dessen wir fähig sind.«

»Die außer uns befindlichen Dinge«, und jetzt spricht wieder der Sir, »werden von der Wissenschaft erbarmungslos seziert, erforscht und gemessen, nie aber werden sie erkannt. Bei ihrer Verfolgung sind wir von zusammenhängender Materie zu Molekülen, von Molekülen zu spärlich im Raum verteilten elektrischen Ladungen, von elektrischen Ladungen zu Wahrscheinlichkeitswellen gelangt. Was wird das Nächste sein?«

Nun, das Nächste, da war Eddington schon in Cambridge gestorben, waren die Strings und Superstrings. Das sind »hauchdünne, zu Schlaufen gebundene Schnüre aus purer Energie. In sich geschlossen, drehen und winden sie sich durch Zeit und Raum. Wie Violinsaiten schwingen und vibrieren sie und intonieren ein mikrokosmisches Quantenkonzert, dessen Klänge zu Materie werden.« (Grotelüschen, »Der Klang der Superstrings«, München 2001)

Man kann Physiker lesen wie Homer. Abenteuer, Schönheit, Poesie ... Wie dürftig ist dagegen die normale Literatur. Ihr fehlt oft, was die neue, die mythische Physik in so reichem Maß hat: Fantasie und Intuition.

Nein, ich meine das nicht ironisch. Eddington spricht vom Symbolismus der Physik und nennt gewisse Differenzialgleichungen Geschöpfe des Mathematikers, der nun einmal eine Vorliebe für Differenzialgleichungen hat. »Wir müssen die geistige Welt«, sagt er, »aus Symbolen aufbauen, die wir unserer eigenen Persönlichkeit entnehmen.« Und: »Es besteht keine scharfe Trennung zwischen unserem Geist und der Welt.«

Aber wieso? Physik funktioniert, das beweisen die Experimente. Da kann man doch nicht von »symbolischen Erkenntnissen« sprechen! Nein, kann man nicht? »Im Großen und Ganzen sehen wir in der Natur das, wonach wir suchen.« Das war wieder Eddington, und ich ergänze:

in der Natur und in den Laboratorien. Wir finden immer und überall das, was wir suchen. Vielleicht unterscheidet Genie sich von den Talenten dadurch, dass es findet ohne zu suchen.

Ich wage jetzt eine Behauptung, die für viele verrückt klingen wird: Physik ist eine Geisteswissenschaft!

An der Straßenecke traf ich Heinz Zemanek, einen anderen alten Freund. Informatiker, Kybernetiker, Universitätsprofessor, und ein paar Ehrendoktorate hat er auch. Die ersten großen Computer, nämlich »Mailüfterl« und »Schildkröte«, hat er noch mit eigenen Händen gebaut, sie stehen im Technischen Museum. »Heinzerl!«, sagte ich gleich zur Begrüßung. »Ich bin draufgekommen, die Quantenphysik ist ja ein Mythos! Der Mythos unserer Zeit.« – »Nicht der einzige«, ergänzte der Professor. »Ein weiterer ist die künstliche Intelligenz.«

Wie George Russel 1920 die ätherische Landschaft, das Land mit den vielen Farben sah, erkenne ich allmählich die geheimen Lichtadern der Wissenschaft. Ihre mythischen Linien und magischen Bilder. Einst gab es eine mystische Mathematik, eine heilige Geometrie. Wie sagt Russel, der unter dem Pseudonym A. E. schrieb und den ich liebe: Das goldene Zeitalter ist immer und überall, nur wir selbst sind dafür blind.

Auch das goldene Zeitalter der Wissenschaft! Bald werden wir vielleicht zwinkern. Und endlich wieder sehen …

Besucher aus der Schattenwelt

Posthum hat Gottfried den Tod die Quelle des Lebens genannt. Ich hab ihm nicht geglaubt. Zu Unrecht! Schon Pauli und Heisenberg nahmen neben unserer sichtbaren eine Schattenwelt an, die den ganzen Raum erfüllt und den Plan für alle atomaren Teilchen enthält. Sie existieren nicht real, sondern als Möglichkeiten, sind also virtuell. Investiert man genügend Energie, kann man Teilchen aus dieser Schatten- oder Unterwelt in unser sichtbares Diesseits holen.

Jenseitskontakte kosten Energie, und zwar auf beiden Seiten. Mit Vergnügen erinnere ich mich an einen ärgerlichen, wenngleich nicht ganz salonfähigen Ausruf des toten Boris Blacher, mit dem ich gerade kommuniziert hatte: »Scheiße, die Batterie ist leer!« Tatsächlich war ich halb tot und konnte mich auch danach kaum auf den Beinen halten.

Ich weiß schon, es ist verboten eins mit dem anderen zu vergleichen. In diesem Fall virtuelle Teilchen und Totengeister. Aber ich habe vor Verboten keinen Respekt und ihre Übertretung durch die Rebellen der Wissenschaft hat unser Weltbild immer wieder verändert.

Walter Thirring spricht vom Entstehen von Teilchen aus dem Nichts und der creatio ex nihilo, obwohl es kein physikalisches Nichts gibt und die Energie im Vakuum am höchsten ist. Der Urknall war, so wird vermutet, eine virtuelle Lichtlawine aus der Unterwelt. So betrachtet, gefällt mir Big Bang wieder. Und wem fällt dabei nicht die biblische Schöpfung ein und der Lichtschrei des ägyptischen Totenbuchs?

Jahwes Finsternis, aristotelische Potenz, Nullpunktenergie, Nirwana und so fort, sind das lauter Vokabeln für die Schattenwelt, aus der alles geboren wird und wir auch? Sind wir mögliche Besucher aus der Unterwelt und werden in der Zeit wirklich? Bedeutet Sterben das Ende unseres Besuchs? Sind wir aus dem Tod gekommen und kehren in den Tod zurück? Rührt die Todesangst daher, dass wir nur in dieser Welt real sind und in der anderen nicht?

»Es gibt mich und es gibt mich nicht«, hat mir der Schatten-Gottfried gesagt. Die Ahnungen mancher Religionen gehen in diese Richtung. Ich denke an den griechischen Hades oder den jüdischen Scheol. Überhaupt kann man Physik nicht von Religion trennen. Zwei Sprachen der Psyche und es gibt weder richtige Sprachen noch falsche.

Entspricht die Auferstehung der Toten den virtuellen Teilchen aus der Unterwelt, die wieder real werden? Bezahlt Jesus dafür mit seinem Schmerz, einer der höchsten Währungen kosmischer Energie? Lauter Fragen und ich weiß die Antworten nicht. Höchstens wittere ich eine Fährte.

Was sagt der Ahnherr der Alchemie, der dreimal größte Hermes Trismegistos dazu? »Dasjenige, welches unten ist, ist gleich demjenigen, welches oben ist. Und dasjenige, welches oben ist, ist gleich demjenigen, welches unten ist, um zu vollbringen die Wunderwerke eines einzigen Dinges.« In der hermetischen Philosophie sind verbotene Vergleiche erlaubt!

Jenseitige Adressen

Das Christentum kennt nur drei: Himmel, Hölle, Fegefeuer. Dabei gibt es so viele wie Sterne oder Schneeflocken, man kann sie nicht zählen. Ein Jenseits-Guide fehlt, an dem man sich orientieren kann, bevor man stirbt. Wäre doch dumm, wenn man im falschen Paradies landet. Oder führen die guten und bösen Werke sicher ins Ziel? Mag schon sein. Aber stellen Sie sich vor, Sie reisen in die Türkei und müssen auf einmal feststellen, dass es dutzende von Türkeien gibt. Das ist ganz schön verwirrend.

Vom Jenseits im Singular müssen wir jedenfalls Abschied nehmen und so füge ich Hugh Everetts Vielwelten-Theorie eine Viele-Unterwelten-Theorie hinzu, ein jenseitiges Multiversum. Das erklärt auch, warum Tote einander relativ selten wieder begegnen. Trotz gegenteiliger Behauptungen, die unsere Wünsche oder Befürchtungen widerspiegeln.

Ein bisschen kennen Sie sich schon mit den parallelen Universen aus? Wenden Sie Ihr Wissen im Vertrauen auf Hermes Trismegistos auch auf die parallelen Unterwelten an und die parallelen Toten in ihnen. Womöglich gibt es auch Parallelgespenster, wie schrecklich! Wo schon eines allein uns in Panik versetzt. Stellen Sie sich eine Witwe vor und der Selige erscheint ihr im Plural!

Wie schaut ein Geist aus? In den Witz-Zeichnungen meiner Jugend trug er ein flatterndes weißes Hemd und manchmal einen Heiligenschein. Nach Emanuel Swedenborg gleicht er nicht nur dem jeweiligen Menschen, er ist es! Nicht der Körper, ich wiederhole es immer wieder: Die Seele, der Geist ist der Mensch.

Geist oder Seele? Seele oder Psyche? Ich bringe es auch durcheinander. Schon in einer einzigen Sprache bauen wir den Babylonischen Turm. »Die Psyche«, so mein Schattengemahl, »ist ein Organ der Seele. Sie verbindet die diesseitige mit der jenseitigen Welt.« Organ bedeutet Werkzeug, Stimme, Funktion.

Ich schlage vor, wir einigen uns darauf: Psyche ist ein von der jeweiligen Kultur und Erfahrung konditioniertes historisches Wesen, die Zeitperson. Seele ist die nicht konditionierte Individualität jenseits von Zeit und Geschichte, die Gemütsperson. Geist ist weder Person noch Individualität, sondern frei von Zeit und Gemüt. Wir können die Person mit einem Kanal vergleichen, die Individualität mit einem Fluss und Geist mit dem Meer, in dem alles sich auflöst.

Aus dem auch alles entsteht? Ja, das glaube ich. Geist, Meer und Tod sind eins. Ende und Anfang sind durch die Zeit voneinander getrennt und durch sonst nichts. Da es in Wirklichkeit keine Zeit gibt, fallen Ende und Anfang zusammen.

Unser Gehirn trennt Subjekte und Ereignisse voneinander und ordnet sie künstlich in Zeitmustern an. Noch würde eine totale Wahrnehmung uns überfordern. Es scheint aber, dass Jenseitige bereits über sie verfügen. Nicht alle, und nicht immer. Es gibt Mechanismen der Abwehr und nicht nur die Lebenden wenden sie zu ihrem Schutz an. Der Blitz direkter Wahrnehmung vernichtet jedes Ego. Totale Erkenntnis auch, darum verhindern wir sie. Die verlässlichsten unter ihnen sind Dogmen und Theorien der Wissenschaften, der Religionen und der Moral.

Direkte Wahrnehmung und totale Erkenntnis sind nicht der Brautschatz des Todes. Es gibt sie zwar, aber nicht als Mitgift. Um sie zu erlangen, müssen wir unseren Frequenzkäfig aufbrechen, aus den niederen Schwingungszahlen der Zeitperson in die höheren der Gemütsperson aufsteigen. Also von der Psyche zur Seele. Dieser Prozess beginnt, wenn wir sterben. Wir können dabei physisch durchaus lebendig bleiben. Der Frequenzkäfig ist das eigene Ich, das unsere Erkenntnis und Wahrnehmung begrenzt. Im Zustand der Seele öffnen sich die Grenzen und fallen, sobald wir Geist sind.

Ich sage es noch einmal einfach: Als Person = Psyche haben Sie eine diesseitige, als Individualität = Seele eine jenseitige und als Geist überhaupt keine Adresse.

Ohne Adresse sind Sie nirgends und überall.

Das nächste Quartier

Wer Gott im Himmel vermutet, irrt. Der Himmel ist nicht seine Adresse, denn er hat keine. Sie finden ihn überall und Sie finden ihn nirgends. Aber wo suchen Sie ihn, wenn Sie sterben?

Vielleicht sollten Sie sich zunächst um Ihr nächstes Quartier kümmern. Gehen Sie ruhig schon, während Ihr Leib noch im Koma liegt, auf Reisen. Und glauben Sie mir, das funktioniert! Sie müssen wirklich nicht Ihrem Körper auf dem Totenbett Gesellschaft leisten. Nicht die ganze Zeit über. Das tut sowieso niemand. Gäbe es sonst tausende von Berichten über Abschiedsbesuche Sterbender bei Freunden und der Familie? Gottfried von Einem hat, während er in Oberdürnbach im Koma lag, seinen Lieblingsschüler Nali Gruber in London besucht und Adieu gesagt, Nali hat es mir selbst erzählt.

Machen Sie sich also aus dem Staub, das meine ich wortwörtlich, und inspizieren Sie die Himmel und Höllen der verschiedenen Religionen. Das wäre jedenfalls vernünftig. Es könnte sonst sein, dass Sie im falschen Paradies landen. Als Frau, zum Beispiel, geben Ihnen die islamischen Huris bestimmt wenig und wenn sie noch so gut duften. Da sind Sie vielleicht im Reinen Land Abhirati, das Ihnen eine ans Wunder grenzende Schönheit beschert, besser aufgehoben.

Wer macht sich bitte aus dem Staub und wie? Eine heikle Frage. Die Psyche oder die Seele? Seien wir jetzt lieber nicht so genau. Nach Paracelsus ist es der siderische Leib, über den wir in der Philosophia sagax lesen: »Das Fleisch des Menschen muss also verstanden werden, dass seiner zweierlei Art ist, nämlich das Adam entstammende Fleisch und das Fleisch, das nicht aus Adam stammt. Letzterem weicht jedes Gemäuer, das ist: Dasselbe Fleisch bedarf keiner Türe, keines Loches, sondern es geht durch Mauern und Wand und zerbricht nichts; es ist ein subtiles Fleisch, das nicht zu binden oder zu fassen ist, denn es ist nicht aus Erde gemacht.«

In diesem zweiten, dem siderischen Leib bin ich oft genug vagabundiert. Es gibt ihn tatsächlich. Er kann den Körper verlassen, in vielerlei Gestalten erscheinen, spuken und Schabernack treiben. Alle Zeiten und Kulturen berichten von ihm. Er ist auch unser posthumes Ich, und meines stelle ich mir als Charlie Chaplin vor, als Clown.

Früher oder später entdeckt jeder, dass er nicht identisch mit der Rolle ist, die er spielt. Das ist eine große Erleichterung. »Ich identifizier mich doch nicht mit mir selbst!«, sagte ich eines Tages aus heiterem Himmel zu mir und dann erst dachte ich darüber nach. Wer ist es, der in dieser und jener Rolle auftritt? Der pure Komödiant ohne

Geschichte, ohne Geschlecht, ohne Charakter? Ich meine, es ist die Seele.

Sobald man anfängt sich als Seele zu erkennen, die in alle Rollen ein- und aus allen Rollen austreten kann, relativiert sich unsere ganze Biografie. Wie leicht fällt es dann, seine Feinde zu lieben. Mörder und Opfer zwinkern einander heimlich zu. Nicht auf, sondern hinter der Bühne.

Wer von der Psyche zur Seele, von der Rolle zum Spieler erwacht, hat den Weg hinter die Bühne gefunden. Inmitten des Theaters ist er frei vom Theater, inmitten der Welt frei von der Welt. Tutto il mondo e burla! Himmel und Hölle auch. Im Gelächter der Erleuchtung verschwinden beide und sind niemals gewesen.

Aber solange wir an sie glauben, gibt es sie alle. Darum stelle ich jetzt eine kleine Auswahl an Paradiesen für Sie zusammen. Denn wider sämtliche religiöse Drohungen und Verheißungen bin ich davon überzeugt: Sie haben die Wahl!

Himmelsreisen

Irgendwann verlassen Sie, wie wir alle, Ihren zerfallenden Zellstaat, dessen Regent Sie so lange waren und suchen das Paradies. Was, da es viele Paradiese gibt, gar nicht so einfach ist.

Eines kennen Sie schon, Sie haben es in der Schule gelernt und in der Kirche hat der Pfarrer von ihm gepredigt. Eigentlich weniger von ihm als einem gewissermaßen negativ geladenen Antihimmel, der Hölle. Diese Hölle ist, obwohl es sie in Wirklichkeit gar nicht gibt, fast überall gleich und ebenso komisch wie der oder die Teufel. Interessant nur für die Psychiatrie. Wir können die sadomasochistischen Dummheiten, die ein so unerfreuliches Licht auf die menschliche Mentalität werfen, vergessen.

Als Sie älter wurden, haben Sie zu Ihrem Erstaunen auch noch von anderen Paradiesen gehört. Aber mit den Jahren überlegten Sie, ob es vielleicht überhaupt keines gibt? Sie haben darüber gelesen und kluge Leute haben es gesagt. Kluge, gebildete Leute.

Man soll nicht alles glauben, was die Leute sagen. Oder schreiben und die Bücher liegen einem im Herzen wie Blei. Am besten, man schaut sich selbst um. Und genau das werden Sie tun. Der Arzt an Ihrem Bett sagt schon, es geht jetzt zu Ende, und die Verwandten schluchzen ins Taschentuch. Ihnen wäre lieber, sie würden es unterlassen.

Es irritiert Sie und dabei brauchen Sie gerade Ihre gesammelte Aufmerksamkeit. Ohne neue Adresse sind Sie in fünf Minuten obdachlos und schlafen in alle Ewigkeit unter der Brücke. Falls es dann überhaupt Brücken gibt ...

Sie können Ihrem Leib, der schon nicht mehr Ihr Leib ist, nicht helfen. Lassen Sie ihn allein im Bett liegen! Schlagen Sie im Geist einen Purzelbaum oder steigen Sie in einen imaginären Lift – und schon hat eine Sturmböe Sie erfasst und trägt Sie mit ungeheurer Geschwindigkeit fort. Das ist sehr schön. Schöner als alles, was Sie bisher erlebt haben. Also wenn das Sterben ist, wollen Sie nie wieder etwas anderes tun.

Es kommt noch viel besser, das ist erst der Anfang. Sie fliegen jetzt und können selbst bestimmen, wohin. Es genügt, wenn Sie das Ziel denken. Und weil Sie sogar sterbend ein Gewohnheitsmensch sind wie ich und die meisten anderen auch, denken Sie aller Wahrscheinlichkeit nach: Auf ins Himmelreich!

Seele unterwegs

Noch streiten die Theologen, ob der Himmel ein Ort oder Zustand ist. Denn sie wissen nicht, dass Orte Zustände sind! Der himmlische Ort oder Zustand wird immer wieder als Paradiesgarten oder neues Jerusalem beschrieben, die heilige Stadt aus Gold, Perlen und Edelstein. Für Thomas von Aquin und die klassische Theologie ist der Himmel eine Welt der Unbewegtheit und des Lichts. Keine Bäume, keine Blumen. Und keine Tiere, da diese keine Seele, und schon gar keine unsterbliche, haben. Eine Meinung, die der Papst teilt. Hat der Papst eine Seele?

Die Sünder landen entweder im Fegefeuer oder der Hölle, wo das Schauspiel ihrer ewigen Qualen die Seligen noch seliger macht. Zwar ist die Vorfreude auf die Leiden der Verdammten mit den Jahrhunderten geringer geworden. Ausgerottet ist sie, wie kanonische Bücher und Predigten bezeugen, noch nicht.

Ich glaube, ich möchte nicht in diesen Himmel kommen. Egal, ob mit sämtlichen Knochen, Haaren, Nägeln und Eingeweiden, wie Thomas in Übereinstimmung mit Augustinus lehrt, oder als paulinisch überirdischer Leib. »Verherrlicht durch den Geist Gottes«, wie die Deutsche Bischofskonferenz 1985 bestätigt. Die Auferstehung der Toten ist das fundamentale Dogma des Christentums. Aber der Tod ist nicht die Auferstehung des Fleisches, wie die Kirche lehrt. Er ist die Auferstehung vom Fleisch!

Zwar würde ich sehr gern Gott schauen und Umgang mit Jesus von Nazareth, den Engeln und Seelen haben. Aber nur, wenn ich diese Seligkeit mit allen teilen kann! Den Tieren, den Pflanzen, den Steinen. Und in Ewigkeit darf, wie schon Origines meint, gar niemand verdammt sein. Sobald diese Gnade gewährt wird, stimmen wir in die Jubelchöre der Engel ein. Bis dahin sehen wir uns die anderen Himmel an.

Gnosis ist die Erkenntnis des Übersinnlichen, der »in ewigem Geheimnis unsichtbar sichtbaren Welt«. Eine spätantike kosmopolitische Religion, die von den Christen ebenso heftig wie erfolgreich bekämpft und schließlich ausgerottet wurde.

In den gnostischen Himmel steigt nur die Seele auf und kehrt in die Lichtwelt zurück: »Ich fliege und ziehe dahin, bis ich zum Wachthaus der Sonne gelange. Ich rufe: ›Wer wird mich am Wachthaus der Sonne vorbeiführen?‹ Deine Werke, deine Güte. Ich fliege und ziehe dahin, bis ich zum Wachthaus des Mondes gelange, bis ich zum Wachthaus des Feuers gelange, bis ich zum Wachthaus der Sieben gelange … Bei den Wasserbächen kam mir der Ausfluss des Glanzes entgegen, führte mich über die Wasser, kleidete mich in Glanz, hüllte mich in Licht. Meine Seele fand, was sie ersehnte.«

Das ist im Scheol kaum der Fall. Das jüdische Jenseits ist ein von Jahwe getrenntes Land des Staubes und der Finsternis, in dem die Schatten flüstern, murmeln und schlafen. Kann sein, einmal werden sie auferweckt. Die Gerechten zu einem ewigen oder wenigstens ganz langen Leben, die anderen zur Schmach und Pein.

Die spätere Kabbala, eine mystische Geheimlehre, teilt die Seele in drei Teile. Die Nefesch, zuständig für Bewegung, Instinkt und Empfindung, bleibt im Grab und wird bestraft. Die Ruach, das moralische Element, geht nach 12 Monaten der Züchtigung in den irdischen und die spirituelle Neschama in den himmlischen Garten Eden, in dem Gott gegenwärtig ist, ein. Durch Seelenwanderung kann die Neschama sich läutern.

Die jüdischen Apokalypsen berichten von mystischen Reisen durch sieben Himmel bis zu Gottes Thron. Ist nicht jeder Tod eine Himmelsreise? Manche treten sie schon lebendigen Leibes an. Aber Lebende und Tote warten immer noch auf das goldene messianische Zeitalter, die verklärte Welt der Seelen.

Beim Lotosbaum an der Grenze beginnt das islamische Paradies, die Gärten der Wonne, in denen Mensch und Getier sich in immer währendem Licht und Moschusduft zu ihrem Herrn versammeln. Ohne weiteres kommt man aber nicht hinein. Zuerst muss man das Buch seines Lebens lesen und schreiben. Dann über eine Brücke gehen, die dünner ist als ein Haar und schärfer als ein Schwert. Hält der Glaube nicht stand, stürzt man in die Hölle, die ewig ist wie der Himmel.

Das Jenseits verwandelt die Welt, löst sie auf. Die Sterne fallen herab, die Sonne verdunkelt sich, der Himmel wird fortgezogen. Die Engel stehen in Reihen. Bäche von Milch, Wein und Honig fließen zwischen Bäumen, die schwer sind von Blüten und Früchten. Paläste aus Gold, Perlen und Amethyst erwarten die Auserwählten. Schwarzäugige Jungfrauen mit schwellenden Brüsten wie Hyazinthen und Korallen, genannt Huris, sind ihre keuschen Gefährtinnen und anmutige Knaben bedienen sie. Auf einer roten Hyazinthe thront, hinter einem Schleier verborgen, Allah.

»Ich bin der Schleier und ihr seid die Verschleierten ... Dies ist mein Licht ...!« Und Gott enthüllt sich. Wer ihn schaut, tritt aus sich selbst heraus wie die Schlange aus ihrer Haut. Gott erstrahlt in ihm und er erkennt, dass Liebender, Geliebter und die Liebe eins sind. »Ich bin der Trinker, der Wein und der Mundschenk.«

Die meisten Religionen kennen mehrere Himmel und kaum jemand begnügt sich, wie wir, mit nur einer einzigen Seele. Schon Goethe war sie zu wenig und vielleicht sollten wir mindestens zwischen einer himmlischen und irdischen unterscheiden wie der alte Iran. Sie sind die beiden Hälften des Menschen. Der Wille und die Taten der irdischen machen seine himmlische Seele, die Daena, hässlich oder schön und bestimmen ihr Schicksal nach dem Tod.

Auf ihrer Himmelsreise passiert die Seele die Sternensphäre, die Mond- und die Sonnensphäre, ehe sie ins unendliche Licht des Paradieses gelangt, wo ihr die eigene Daena entgegentritt: ein holdes duftendes Mädchen mit großen Brüsten oder eine schmutzige, stinkende alte Hure mit krummen Knien und abstehenden Gesäßbacken. Dieses Jenseits hat eine ästhetische Logik, der man sich kaum entziehen kann. Geschwind zurück in den irdischen Leib! Vielleicht kann man noch etwas für die Schönheit tun?

Nach einer kleinen Sterbepause wollen wir das germanische und das keltische Jenseits besichtigen und da haben wir nicht weit zu fliegen. Die Welten sind nach allen Richtungen offen. Sie fließen. Diesseits und Jenseits durchdringen einander, sind unlösbar verbunden. Tote bewegen sich unter Lebenden, Lebende unter Toten, man kann die Welten wechseln und tut es. Auch die australische Traumzeit erkennt das Jenseits im Diesseits und beide als Einheit. Das ist in Afrika, Syrien, Palästina genauso. Der Tote bleibt in derselben Welt, die gleichzeitig eine ganz andere ist. Frühen Kulturen war die natürliche Logik des Paradoxons noch vertraut.

Die ägyptische Unterwelt kennen wir schon. Der griechische Hades ähnelt leider dem jüdischen Scheol, vergessen wir ihn! In den antiken Mysterien allerdings ist Tod die höchste Initiation und die dionysischen Mysterien öffnen das Tor zum Jenseits. Wein trinkend und tanzend, vereint der Mensch sich mit dem von ihm selbst auserwählten Gott.

Im chinesischen Himmel der Unsterblichen haben wir ein Federkleid, reiten auf einem Lichtstrahl, schwingen uns auf einen Stern, schweben in der Leere, strahlen wie Sonne und Mond.

Im Indien der Upanischaden kehren wir zur höchsten Gottheit Brahma zurück. Wir verlieren zwar die Individualität, fügen aber unser Wesen dem Ganzen, mit dem wir eins sind, hinzu. Schon im Diesseits können wir jenseitig werden, es ist beides dasselbe. Wir müssen nur die Welt loslassen.

In Buddhas Nirwana kommen wir endlich zur Ruhe. Wir verwehen und erlöschen ganz.

Die tibetischen Stufen zur Unsterblichkeit führen über Ihren eigenen Geist. Ist er ruhig und freundlich, steht Ihnen ein freundliches, ruhiges Sterben bevor. Im Augenblick des Todes erfahren Sie das Klare Licht. Dies ist der höchste Zustand des Seins. Können Sie ihn halten, erlangen Sie sofort die Buddhaschaft und sind von allen Wiedergeburten befreit. Seien Sie nicht traurig! Sie werden ebenso wenig ins Klare Licht eintreten wie ich und so gut wie alle anderen. Vielmehr werden wir neunundvierzig Tage lang im Zwischenzustand des Bardo umherirren, den auch andere Religionen kennen. Dort wird Ihnen nur begegnen, was Ihnen selbst ähnlich ist: Höllenbewohner, Hungergeister, Tiere, Menschen, Halbgötter und Götter.

Mit anderen Worten, Sie begegnen sich selbst. Was immer Sie an Schrecken und Freuden erleben, kommt aus Ihrem eigenen Geist und kann Ihrem Bardo-Leib weder Gutes noch Böses tun. Denn er ist kein anderer als Ihre träumende Seele und die Szenarien erscheinen und verschwinden in der strahlenden Leere jenseits der Zeiten und Bilder.

Nach den bunten Abenteuern im Zwischenreich, die schon Pfade in Ihre nächste Welt sind, werden Sie leider wieder geboren und vielleicht macht Ihnen das sogar Spaß. Mein letzter Rat: Nehmen Sie alle Geburten und Tode mit Humor! Sie sind allesamt ein einziges Zaubertheater: himmlisch, höllisch, imaginär. Das einzige Karma ist die totale Spontaneität.

Auf dem Weg zurück in Ihren Koma-Körper, der gleichfalls nicht mehr ist als eine Illusion, erzähle ich Ihnen eine sonderbare Geschichte.

Im Morgengrauen des 27. August 1989, also sieben Jahre vor seinem Tod, machte mein Mann Gottfried von Einem offenbar die Erfahrung des Klaren Lichts. »Fast«, stöhnte er. »Aber nur fast. Ich hatte nicht genug Kraft. War zu schwach.« Hätte er diesen Zustand halten können, sagte er, gäbe es ihn nicht mehr. Doch er konnte es nicht. Er war zornig, verzweifelt. »Und jetzt ist alles wieder da. Dieser Körper. Blöde Moleküle. Das Zimmer.« Hatte er geträumt? »Nein, das war kein Traum. Es war zwischen Schlaf und Wachsein und eigentlich jenseits von beiden. Diese Helligkeit! Ich hätte mich in ihr auflösen können. Aber eben nur fast.«

Ich fragte, ob diese Helligkeit wäre, was Menschen Gott nennen? »Nein«, sagte er. »Unpersönlich. Dieses Licht, diese Helligkeit – unsere Sprache hat keine Worte dafür. Du atmest und der Atem hat keine Grenzen mehr.«

Er fühlte sich zurückgestoßen in eine dumpfe Welt, ausgeschlossen von jenem Licht, dem er schon so nahe gewesen war. Ich fragte, ob Jesus versucht hätte uns einen Weg in dieses Licht zu bahnen, und ob das die Erlösung sei? »Ja«, sagte Gottfried. »Ja! Aber er hat es auch nicht erreicht, nicht einmal er. Auch Mozart nicht. Bach. Sie waren nahe daran. Aber eben, nur fast.«

Wir schliefen dann wieder ein und beim Frühstück fragte ich ihn, wie dieses Licht sich vom blauen und weißen, die er vor Jahren erlebt hatte, unterschied? »Viel höher!«, sagte Gottfried. »Dieses war viel höher. Ach was, es gibt keine Sprache dafür.«

»Damals, beim Weißen Licht«, erinnerte ich ihn, »hast du Musik gehört.« – »Ja«, sagte er. »Eine wunderbare Musik.« Dann, plötzlich: »Aber dort, wo ich letzte Nacht fast war, gibt es keine Musik mehr. Das war viel höher.«

Leichenlogik

In welches Paradies möchten Sie gern kommen? Es gibt noch andere, die ich nicht genannt habe. Endlich oder vielleicht unendlich viele. Sie haben die Wahl!

Wieso, es können doch nicht alle Religionen wahr sein? Ja und nein. Die Paradiese gehören, wie Urknall, Relativitätstheorie, Quantenmechanik und so weiter, zu den Mythen. Sind Mythen wahr, sind Mythen falsch? Wir stellen nicht die richtige Frage. Ein renommierter Physiker schreibt mir gerade, er hätte Einstein widerlegt. Bedeutet das, Einstein hatte Unrecht? Aber nein. Es bedeutet das Fließen, den beständigen Wandel der lebendigen Mythen. Leben, das sich nicht wandelt, ist tot.

Thales, einer der sieben griechischen Weisen, hielt Wasser für die Ursubstanz, aus der alles entsteht, Anaximenes die Luft und Heraklit das Feuer. Für Pythagoras waren alle Dinge Zahlen. Wie sehr hat die Welt oder vielmehr ihr Bild in uns sich von den Vorsokratikern bis Newton, der klassischen Physik bis zur Quantentheorie verändert! Erkennen wir sie überhaupt wieder?

»Wie verhält unsere Welt sich wirklich«, fragt Stephen Hawkings Freund und Kollege Roger Penrose – einer besetzt den Lehrstuhl in Cambridge, der andere in Oxford – , »und was macht den ›Geist‹ aus, der letztlich wiederum ›uns‹ ausmacht? ... Worin besteht die Physik des Geistes?«

Das scheint die Grundfrage zu sein, auf die wir leider keine Antwort haben. Und wie steht es mit der Physik der Geister?

Kehren wir zurück zur Teilchenphysik. Bisher hat noch niemand Teilchen gesehen. Wir können nur ihre Wirkung in der Wilsonkammer feststellen, beobachten sie also indirekt. Eine direkte Beobachtung der Teilchen ist uns nicht möglich.

Was die Geisterphysik anbelangt, hat schon jemand Geister gesehen? Ja, und zwar direkt! Mit eigenen Augen. Zu allen Zeiten und in allen Kulturen. Können wir auch ihre Wirkung beobachten? Selbstverständlich. Öffentlich und privat. Die Wirkungen sind unmissverständlich dokumentiert.

Geister haben den Teilchen also einiges voraus. Warum glauben die Menschen an Teilchen, aber an Geister nicht? Vielleicht, weil Teilchen nicht bedrohlich sind. Weil sie vor Teilchen keine Angst haben. Vor Geistern schon. Vielleicht, weil Teilchen sie nicht an den Tod erinnern. Besonders an den eigenen. Geister schon. Also leugnen sie ihre Existenz. Sie leugnen, aber das werden sie niemals zugeben, die eigene Angst und sie leugnen den eigenen Tod.

Im Namen der Aufklärung, dieser fatalen Verengung des Bewusstseins, vertreibt man die Geister in den Aberglauben und die Psychiatrie. Lassen sie sich nicht mehr vertreiben, ordnet man ihre Wirkungen und Erscheinungen dem Animismus zu, was ist das?

Das Wort kommt vom lateinischen anima, Seele, und Animismus war ursprünglich die Ansicht von der Beseeltheit aller Dinge. Eine Ansicht, die ich teile. Heute versteht man unter Animismus die Vorstellung, Ursache unerklärter und unerklärlicher Phänomene wären ausschließlich lebendige Wesen. Im Gegensatz dazu lehrt Spiritismus das Hereinragen einer Geisterwelt in unsere Sphäre.

Spiritismus kommt vom lateinischen spiritus, was Atem, Seele und Selbstbewusstsein bedeutet. Der Spiritismus nimmt eine personale geistig-seelische Wesenheit an, die den leiblichen Tod überdauert und sich unter bestimmten Bedingungen den Lebenden mitteilen und physikalische Veränderungen bewirken kann. Schamanen sind aktive, Medien passive Mittler zwischen dem Dies- und dem Jenseits. Nicht nur bei den Naturvölkern, sondern in fast allen großen Kulturen waren und sind zum Teil immer noch Spiritismus und Kontakte mit Geistern eine Selbstverständlichkeit.

Wer hat aber nun Recht, die Animisten oder Spiritisten? Beide natürlich! Wir erkennen die Welt nur im Entweder-Oder. Lassen wir den Atom- und Quantenphysiker Werner Heisenberg, den wohl niemand für abergläubisch halten wird, antworten. Er fordert die »Überwindung jener eindimensionalen, gradlinigen Logik, die mit dem Messer des Entweder-oder die Welt zerschneidet und aus ihrem zerstückelten Leichnam einen abstrakten Begriffskosmos aufzubauen versucht.«

Irgendwann entwächst jeder dem Entweder-oder und seinen absurden Teilungen eines Ganzen. In diesem Fall widerlegt das Wissen der alten Mystik und neuen Physik, die keine lineare Zeit kennen, die Leichenlogik des Verstandes. Wir sind gleichzeitig dies- und jenseitig, lebendig und tot. Sowohl-als-auch. Zwei Zustände eines Bewusstseins, die wir vorläufig noch getrennt erfahren.

Auch das Schreiben und Lesen dieses Buches findet zur selben Zeit statt. Lesende und Schreibende sind auf eine Weise verbunden, die unser geistloses Gehirn nicht erfasst. Doch bin ich mir Ihrer immer vertrauteren Gegenwart manchmal gewahr.

Es ist eine innere Bewegung, in der wir uns allmählich dem Zustand der Einheit nähern, den unsere Ahnung als Liebe erfährt.

Die Exaktheit der Geister

»Ich führe oft«, schreibt Bertrand Russell, der Mathematiker und Philosoph, in seinen Memoiren, »imaginäre Zwiegespräche mit Leibniz, in denen ich ihm berichte, wie befruchtend sich seine Gedanken erwiesen haben und wie sehr viel schöner ihr Ergebnis ist, als er hatte voraussehen können.«

Waren diese Gespräche wirklich imaginär, fanden also nur in seiner Vorstellung statt? Da wir noch immer nicht wissen, ob irgendetwas außerhalb unserer Vorstellung stattfindet, ist diese Frage nicht zu beantworten. Ich rede mit Toten. Reden Tote mit mir? Und können Tote noch reden?

Leibniz ist, allerdings im Gegensatz zu Russell, überzeugt von der »Unzerstörbarkeit unserer Seele und … dass sie in ihrer Natur stets die Spuren aller ihrer vorhergehenden Zustände bewahrt.«

Ist diese Unzerstörbarkeit, ja ist am Ende die Seele selbst auch nur ein Mythos? Ja und nein. Es ist wie mit Gott. Entweder wir glauben an ihn oder wir glauben nicht. Einen zwingenden Gottesbeweis gibt es nicht. Gibt es Beweise für die unsterbliche Seele?

Ja, diese Beweise gibt es und als Zeugin würde ich einen Eid darauf schwören. Geister sind wirklicher und viel exakter als Teilchen! Ich habe sie mit eigenen Augen gesehen. Ihre andere Leiblichkeit mit eigenen Händen berührt. Gehört mit eigenen Ohren, aber auch mit einem inneren Ohr, das ich in der Brustmitte oberhalb des Herzens empfinde. Was sie sagten, überstieg bei weitem meinen kleinen Horizont. Ging ungerufen über mir auf wie die Sonne über der Erde.

»Die Liebe und die ›andere Welt‹ kommen zu uns nicht nach unserem Willen. Wir können uns vielleicht für ihr Kommen empfänglich machen … jedenfalls müssen wir sie immer, wo sie in unser Leben eingreifen, einfach als Geschenk hinnehmen.« (Heisenberg)

Ich nehme diese Geschenke in großer Dankbarkeit hin und ich möchte sie mit allen teilen. Ich glaube nicht, dass sie für mich allein bestimmt sind. Trotzdem könnte es sein, dass ich wie die tibetischen Toten im Bardo mir selbst begegne, durch meine privaten Provinzen reise, mich in aller Wahrhaftigkeit irre.

Es gibt keine Sicherheit. Ein Seil ist zwischen Sein und Nichtsein gespannt und wir tanzen auf ihm ohne Netz. Ich tanze mit Toten. Tanzen Tote mit mir?

»Die Menschen, denen dies geschieht, sind … die Werkstätten, in denen die schöpferischen Kräfte sichtbar wirken und Zeugnisse schaffen, die über alles Menschliche hinausweisen.« (Heisenberg)

Die Grenzen des Menschlichen können in jedem Augenblick neu gezogen, sie können überschritten werden oder ganz fallen. Der Fall der Grenze beginnt, sobald wir aufhören das Eine zu teilen. Einzuteilen in Ich und Du, Richtig und Falsch, Diesseits und Jenseits. Eins ist im andern enthalten! Der Tod im Leben, das Leben im Tod. Gott schuf, steht im großen apostolischen Glaubensbekenntnis, die sichtbare und die unsichtbare Welt. Ist es da nicht natürlich in beiden zu leben?

»Was in dieser obersten Schicht der Wirklichkeit entsteht, ist zugleich das Objektivste und das Subjektivste: Das Objektivste, denn der betreffende Mensch ist sich in jedem Augenblick des Schaffens bewusst, dass er hier im Auftrag einer anderen Welt handelt, die durch ihn hindurch schafft, und das Subjektivste, denn das Geschaffene konnte allein von diesem einen Menschen so gesagt oder geschrieben oder gedacht werden.« (Heisenberg)

Ich habe dem nichts hinzuzufügen.